孩子成功教育，从好习惯培养开始！

培养有好习惯的孩子

ostering children with good habits

金凤◎著

中国商业出版社

图书在版编目（CIP）数据

培养有好习惯的孩子 / 金凤著 . -- 北京 : 中国商业出版社, 2018.3

ISBN 978-7-5208-0216-1

Ⅰ . ①培… Ⅱ . ①金… Ⅲ . ①习惯性—能力培养—家庭教育 Ⅳ . ①G78

中国版本图书馆 CIP 数据核字 (2018) 第 019672 号

责任编辑：姜丽君

中国商业出版社出版发行

（100053 北京广安门内报国寺1 号）

010-63180647 www.c-cbook.com

新华书店经销

三河市三佳印刷装订有限公司印刷

*

710×1000毫米　1/16开　15 印张　230 千字

2018年5月第1版　2018年5月第1次印刷

定价：38.00元

* * * *

（如有印装质量问题可更换）

序言 FOREWORD

好习惯，送给孩子最好的礼物

“我家孩子是个夜猫子，晚上不睡，早晨不起，天天晚上精神亢奋地打游戏，白天到了学校上课却总是瞌睡连天。这样下去，怎么可能考出好成绩？”

“孩子上学总迟到，为了不迟到，一家人各种喊起床的方式都用过了，根本就没效果，孩子还是赖床，而且现在赖床越来越严重了。如果没有人叫，他可以赖床到放弃去学校，这可怎么办？”

“真是无比头疼，孩子一点也不讲卫生，吃完的零食袋子随处扔，自己的玩具也从不收拾，每次刷牙都像‘杀猪’一样大喊大叫着反抗，都上小学了，吃饭还总是漏饭，把衣服都弄脏了。”

“孩子特别冷漠，对父母的种种付出毫无感恩之心，有事要做的时候就各种指使父母，有好东西的时候却藏起来自己享受，父母开开玩笑说想分享，孩子竟然直接摆脸色发脾气。养个孩子简直是养了个皇帝。”

……

如是种种，其实都是因为孩子没有养成“好习惯”。正如著名文学家、教育家叶圣陶老先生所说：“什么是教育，简单一句话讲就是要养成习惯。”

科学研究发现，一个习惯的养成至少需要21天，一个行为或动作只要每天都坚持做，21天后就会内化为一种“行为模式”，如果连续坚持90天，则会成为一个不容易被改变的习惯。

尽管“饭后洗手”“提前预习”“先写作业再玩耍”都是小到不能再小的习惯，但是身为家长，我们一定不要忽视孩子这些细小习惯的养成，正是这些日常生活、学习中的习惯决定着孩子未来的一生。

生活上把孩子照顾得无微不至，不如让孩子养成良好的生活习惯；每天费心督促孩子写作业，不如让孩子养成良好的学习习惯；与其吃饭时想方设法纠正孩子的偏食行为，不如让孩子养成良好的饮食习惯……毫不夸张地说，好习惯，是我们送给孩子的最好礼物。

研究发现，孩子的学习兴趣、学习成绩与学习习惯的好坏直接相关。纵观那些成绩优异的孩子，绝大多数都有着良好的学习习惯，如看电视、玩游戏有节制，不会花费太多时间；能主动自发自觉地完成老师布置的作业；珍惜时间，讲求效率，往往能够高效地做事；专注，吃饭的时候不会看电视，写作业的时候也不会一边玩儿一边写……

其实，大部分孩子的智商差别并不大，成绩差很多时候并不是由于孩子笨、孩子不用功等，而是学习习惯存在问题。帮助孩子养成良好的学习习惯，这才是提高孩子成绩、改善孩子学习状况的根本办法。

但是，该怎样培养孩子的学习习惯呢？除了学习习惯以外，还有哪些习惯对孩子的健康成长至关重要呢？作为家长，我们如何才能培养出一个有好习惯的孩子呢？

本书能够很好地为我们解答上述问题，其分别从生活习惯、学习习惯、独立习惯、思考习惯、惜时习惯、自控习惯、品德习惯、礼貌习惯、交往习惯、理财习惯、健康习惯、乐观习惯这12个方面，非常完整详细地讲述了如何培养孩子好习惯的具体办法。

值得注意的是，千万不要只重视孩子“学习习惯”的养成而忽视了其他习惯的培养。超级学霸但完全是生活白痴、少年天才却不会社交……在现实生活中，这样的例子已经太多，一个健康优秀的人一定是多面型的，我们在教育孩子的时候也要遵循科学辩证的原则，既要让孩子养成好的学习习惯，也要让他们有良好的生活能力及交友能力，既要让孩子养成均衡的饮食习惯，也要让他们成为热爱锻炼、乐观开朗、文明礼貌的人……

习惯有好坏之分，好习惯一旦养成，就会如橡树那样忠诚而牢固，为孩子的未来生活保驾护航。而坏习惯同样顽固，一旦形成便不容易改变，会严重阻碍到孩子的成才。因此，家长们一定要细心观察，尽可能在坏习惯初露苗头时将其扼杀。针对已经养成不良习惯的孩子，家长们更要引起重视，坏习惯的改变有赖于好习惯的建立，这并不是一个简单容易的过程。孩子养成的坏习惯时间越长，改变起来就越困难，家长们对此要有耐心。只有长期坚持，才能陪着孩子改掉原来的坏习惯，建立起一种健康的好习惯来。

最后，相信在本书的指导下，广大家长能够快速找到合适的、行之有效的教育方法，帮助孩子全面养成好习惯，最终成为人中龙凤。

目录 CONTENTS

千万不要以为生活习惯不重要，如今有些孩子进入大学了都不会料理自己的生活，这已经不是什么新鲜事儿。身为父母，我们无法照顾孩子一生，让孩子养成良好的生活习惯才是重中之重。

中国人历来都很重视子女的学业教育，每个父母都希望孩子能成龙成凤，但优异的学习成绩离不开良好的学习习惯，所以我们一定要重视孩子学习习惯的养成。

不管你的孩子多么幼小，他们总会慢慢脱离父母，成长为一个独立的个体。给孩子最深沉的爱不是毫无原则地为他们遮风挡雨，而是帮助他们慢慢学会独立。

生活中处处都有缺乏主见的人，他们没有自己的想法，凡事都是人云亦云，如果你不希望自己的孩子成为一个思想缺乏独立和深度的人，那么，从现在开始就培养孩子独立思考的好习惯吧！

古人云："一寸光阴一寸金，寸金难买寸光阴"……人的一生何其短暂，时光又是多么易逝。身为父母，我们有责任告诉孩子时间的宝贵，惜时教育应该从孩子幼时开始。

身为父母，我们无时无刻不在担心：孩子玩物丧志，孩子误入歧途，孩子染上不良习惯……其实，只要孩子养成了自控自律的好习惯，一切问题都会迎刃而解。

在这个讲求团队、合作的时代，社交能力的强弱对于孩子的未来发展至关重要。所以，鼓励孩子交友吧。

留给孩子最好的财富不是金山银山，而是良好的理财习惯及投资的头脑。培养孩子的财商，从“零花钱”开始。

身体是革命的本钱，健康是所有成就的前提，身为父母，我们一定不要光顾着督促孩子进步，却忽视了对他们健康习惯的培养。

人生就犹如河流，不可能一帆风顺，总是会遇到岛屿和暗礁。只有教会孩子乐观，他们才不会被挫折和困难轻易打倒，才能屡败屡胜，成功迎接雨后的彩虹。

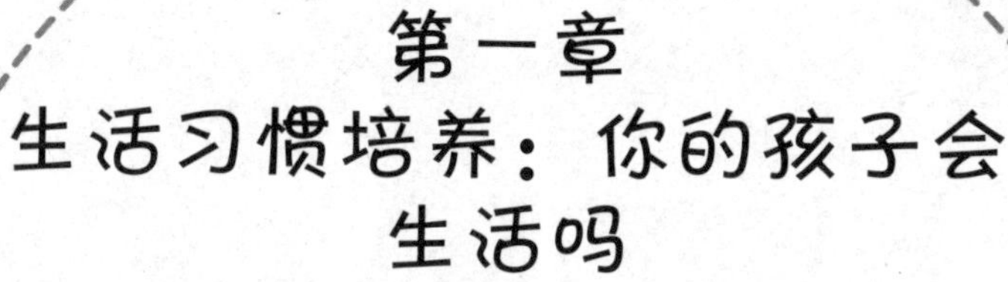

第一章 生活习惯培养：你的孩子会生活吗

千万不要以为生活习惯不重要，如今有些孩子进入大学了都不会料理自己的生活，这已经不是什么新鲜事儿。身为父母，我们无法照顾孩子一生，让孩子养成良好的生活习惯才是重中之重。

个人清洁要做好，干干净净每一天

每个人在日常生活中都有一些习惯，从表面上看这些习惯很微小，不值得一提，然而，很多时候，一个不起眼的小习惯就能对某件要事产生重要的影响。正如拿破仑所言："习惯能够成就一个人，也能够摧毁一个人。" 千万不要以为良好的生活习惯不重要，身为父母，我们无法照顾孩子一生，让孩子养成良好的生活习惯才是重中之重。

良好的卫生习惯，对孩子的学习和生活起着积极的促进作用，讲究卫生的孩子总能给人一种精力充沛、充满阳光的感觉。为了拥有健康的身体，每个孩子都应该从小培养讲卫生的好习惯，如保持个人清洁，勤洗手、勤洗脸、勤换衣服；在学校里，小朋友不可以咬笔头、吸吮手指等等。只有养成讲卫生的好习惯，才能更好地生活和学习。对于孩子来说，养成讲卫生的好习惯可以终生受益。因此，孩子们要养成良好的卫生习惯，要牢记"病从口入"这句至理名言。

"小朋友们，个人清洁要做好，干干净净每一天，这样才能预防疾病，保证身体健康。"在幼儿园里，老师经常会对小朋友这样说。尽管如此，亮亮依旧不讲卫生，每天都把自己弄得脏兮兮的，指甲缝里总是黑乎乎的，同学们都不喜欢和他玩耍。

这一天，生物老师要向大家介绍新的知识——微生物。当亮亮在显微镜里看到无数个细菌时，他开始意识到做好个人卫生的重要性了。从此，亮亮不用父母催促，每天都会认真地洗手、洗脸、刷牙，还会经常洗头发。现在，亮亮的小手儿可干净了。干干净净的亮亮不但身体健康，而且精力旺盛，深受老师和同学们的喜爱。

良好的生活习惯是孩子健康的保证，家长们千万不要觉得不重要。培养孩子爱清洁、讲卫生的好习惯不是一朝一夕的事情，需要从小事做起，从生活中的小细节做起，例如：

1．勤洗手

手是人类接触其他事物最多的身体部位，买东西、吃饭、拿食物、洗脸、写作业、打篮球、洗衣服等等都要靠手。因此，手的清洁工作尤为重要。小朋友们需要做到勤洗手，才能有效地抑制细菌的增生。

那么，家长朋友需要经常监督、提醒孩子洗手，并为孩子讲清楚勤洗手的好处，让孩子明白为什么要勤洗手。同时，家长也应以身作则，自身首先就要做到勤洗手。久而久之，在家长的引导及感染下，孩子就会养成勤洗手的好习惯。

2．早晚刷牙

牙齿的重要性不用多说，为了保障孩子能够拥有一口健康的牙齿，需要孩子从小养成早晚刷牙的好习惯。这个习惯的养成依然需要家长的引导和监督。孩子的自控力不足，前期需要家长多督促。

而 4 岁以下的孩子，由于年纪太小，还不适合用牙刷，家长们可以要求孩子早晚用清水漱口，这样既不会伤害到孩子的牙齿，还能保持口腔卫生。随着孩子的成长，孩子们可以一周刷一次牙、三天刷一次、两天刷一次……循序渐进，慢慢养成早晚刷牙的好习惯。

3．勤洗澡、勤洗头、勤换衣服

孩子们的运动量很大，需要时常注意卫生，尤其是夏天，天气炎热，经常出汗，需要坚持每天洗澡、洗头。冬天可能还好一些，一般三天洗一次就可以了，不能太频繁，否则会伤害皮肤的。当然，衣服也要经常更换。

4．不同杯、不共碗

很多孩子有同杯、共碗的习惯，在家里与家长一起吃东西，在学校

里与伙伴一起吃东西。这个习惯非常不好，很多疾病和细菌都是通过该途径传播的。因此，孩子们应该独立饮食，自己吃自己的，这样才有助于保持身体的健康。

健康是一个人最大的财富，是拥有幸福生活的前提。讲究卫生是保证身体健康的基础，每个孩子都应该时刻谨记——要保持个人清洁。家长们更要身体力行，为孩子树立榜样，同时引导、督促孩子养成讲卫生的好习惯，为孩子的未来打下坚实基础。

规律地作息才有旺盛的精力

孩子是不是因为作业太多而熬到深夜？是不是因为学习压力太大而没有时间锻炼身体了？是不是因为贪玩而没有按时午休？是不是因为追剧而整天窝坐在沙发上……诸如此类不良生活作息习惯是非常不科学的，不仅不会起到任何促进学习的作用，而且还会严重损害孩子们的身体健康。

医学专家已经指出，没有规律的生活作息习惯会导致人们的疲惫感增强、情绪更易失控、健康指数大幅下降，做起事情来事倍功半。因此，为了自身的健康，为了能够拥有良好的精神状况来面对事情，孩子们一定要从小养成良好的生活作息习惯。

桔子今年高三了，是一个非常勤奋的孩子。为了能够提高成绩，桔子紧紧抓住一切可以利用的时间来学习。在操场上，从来看不到桔子来锻炼身体；午休时间，桔子没有睡觉，她在低头苦读；已经是深夜了，同宿舍的同学们早已酣睡多时，而桔子却依然缩在被窝里打着手电筒读书。透过被子的缝隙，手电筒发出的光隐隐约约地映射出了桔子疲惫的脸庞。

这样一个勤奋的孩子，这样一个让很多人都佩服其顽强意志力的孩子，也许你一定会认为她的成绩很好。可事实恰恰相反，桔子的成绩很差，且命运似乎总与她故意作对，桔子越是拼命苦读，成绩越是上不来，各种大大小小的考试越考越差。对此，桔子苦闷极了，她弄不清到底问题出在了哪里。眼看着高考临近，桔子的状况却糟糕透了：大大的熊猫眼，疲惫不堪的精神。有时候实在是坚持不住了，桔子便干脆倒在床上呼呼大睡十几个小时。奇怪的是，即使是睡了十几个小时，醒来之后，她依旧感觉无比疲惫。

对此，班主任给出了正确的意见。他建议桔子按照学校的作息时间有规律地作息，每晚9：30入睡，早上6：30起床，中午一个半小时午休，早操时间和同学们一起去操场锻炼身体。就这样没过多久，桔子的精神面貌焕然一新，每天都精力充沛、神清气爽的，不再浑浑噩噩的。很快，桔子的成绩也有了大幅度提高。用桔子的话说："很多知识点看一遍就记住了，并且能够联系起来。"要知道，同样的知识点，从前的桔子硬撑着疲惫的身体看上四五遍也记不住。

由此可见，良好的作息习惯能够让人保持精力充沛，将身体和精神调整到一个最佳状态，做起事情来自然会事半功倍。事例中的桔子一开始没有按照规律的作息时间来作息，将所有的时间都用到了学习上，最终不仅没有提高成绩，反而让自己处于几近崩溃的边缘上。殊不知，人的身体总是有一定承受极限的，当这个极限被打破时，即使再拼命坚持学习也是枉然，身体会自然地拒绝接受一切信息。这个时候，身体需要的是休息及放松，而当身体得不到适量的休息和放松时，持续的疲惫感就会不断侵蚀人的意识，人们的精神状况就会处于极度不佳的状态中。因此，孩子们一定要从小养成良好的作息习惯。良好的作息习惯是保证身体健康、保证精力旺盛的必备条件。

建议孩子们无论是不是休息日都应坚持早睡早起，不要睡懒觉，不要熬夜，坚持进行晨练。很多人认为睡觉时间越长越好，其实不然，尽

管睡觉是一种很好的休息方式，但是过长的睡眠会引发血液循环不良，不利于身体健康。因此，每天 8 小时的睡眠时间就很科学。至于锻炼的项目则因人而异，可以选择自己爱好的体育项目，以便更容易坚持下来。而锻炼的强度也应适可而止。

人们常说："运动健身、读书学习、早睡早起、精力旺盛、事半功倍。"权威机构的多项研究证明，规律的、科学的作息习惯是保持大脑灵活、能够快速投入工作和学习，保持精力旺盛、工作效率更高的唯一捷径。家长一定要帮助孩子养成规律的作息习惯，不要因为一时的得失而因小失大，没有任何事情比孩子的健康更重要。

不挑食，五谷杂粮都要吃

妞妞现在白白胖胖的，每次班里组织爬山比赛总能顺利拿到冠军。可谁又会想到眼前这个健健康康的小胖妞曾经是一个体弱多病的孩子呢？

以前妞妞的身体很不好，不要说爬山了，连爬上二楼都是气喘吁吁的。这一切的根源在于妞妞的饮食习惯。同很多小朋友一样，妞妞从小就不爱吃蔬菜，几乎是一口都不吃。为此，妞妞妈妈可是愁死了，见人就打听怎样才能让孩子多吃一点蔬菜。说来也奇怪，妞妞就像是中了邪一样，一口蔬菜都不吃，吃米饭时就干吃白米饭，吃面条时也只吃白面条，而且还吃得津津有味的。果不其然，不吃蔬菜的妞妞抵抗力非常差。只要幼儿园里有一个小朋友生病了，就一定会把妞妞传染上。就这样，妞妞的出勤率非常低，基本上每去两天幼儿园就会生一次病，每个月的出勤率不会超过十天。

每当看到其他小朋友狼吞虎咽地吃着各种菜肴时，妞妞妈妈的心里别提多羡慕了。"怎么人家的孩子就能吃蔬菜，我家妞妞却不吃呢？"

妞妞妈心里犯着嘀咕。

任何习惯都是大人给孩子养成的，妞妞是爷爷奶奶带大的，老人过惯了苦日子，至今一直延续着吃咸菜的习惯。所以很多时候，妞妞爷爷奶奶的餐桌上就只有主食和一盘咸菜。对于年幼的妞妞而言，咸菜自然是咬不动的，于是食物就只剩下主食了。就这样，妞妞养成了只吃主食的习惯。最后，在妈妈的耐心引导下，妞妞开始摄取一部分蔬菜，渐渐地，孩子的抵抗力提高了，上幼儿园也不怎么生病了。

在现实中，无论是出于孩子年龄小还是家长的不良诱导等原因，我们周边的很多孩子都有挑食的不良习惯。挑食之所以有损健康，原因在于身体不能摄取到足够的营养。即使一个孩子吃得很多，但是由于挑食，摄入的营养不足，也无法满足身体的需要。因此，想要身体好、营养均衡，就不能挑食，什么都吃一点，才能将身体所需的营养元素摄取全面。

很多孩子非常任性，只吃自己喜欢的食物，而对于一些不爱吃的食物，不管家长怎么劝解，就是哭着闹着不肯吃。那么，面对孩子的哭闹，家长应当怎么做才能帮助孩子养成不挑食的好习惯呢?

（1）鼓励孩子不挑食。

对于偏食的孩子，家长不要逼迫孩子吃一些他们不喜欢的食物，而是应该多鼓励孩子尝试吃更多种类的食物。孩子对食物的喜好很大程度上来源于他们的饮食习惯。多鼓励孩子食用不同种类的食物，渐渐地孩子挑食的毛病就会有所改善。

（2）家长在制作菜肴时应尽可能地营养均衡。

很多家长的饮食习惯都不合理，这又怎么可能培养出不挑食的孩子呢?食物除了满足我们的味蕾外，还要满足身体所需的各种营养。因此，餐桌上的食物应尽可能地丰富一些，这样孩子的选择就会多一些。不同的食物接触多了，也就喜欢食用了。

（3）别自作主张地下结论。

很多家长自认为很了解自己的孩子，掌握了孩子的口味，其实不然，孩子年龄小，很多食物不是孩子不喜欢吃，而是孩子没有机会吃。又或是孩子曾经不喜欢吃，那也不代表孩子现在依旧不喜欢吃。家长不要私自下结论，要多尝试让孩子接触不同的食物。很多时候，你会发现孩子的口味在短时间里就会有很大的变化。

宁宁小的时候不喜欢吃虾，自以为了解孩子的姥姥逢人便说孩子不吃虾，家里也就不怎么做虾了。而与姥姥观点不同的奶奶，总是喜欢尝试着给孩子做不同的食物，尽管很多尝试均以失败告终，但是也有很多惊喜出现，如宁宁竟然喜欢吃虾了，看着孩子狼吞虎咽地吃了四五只虾，宁宁姥姥再也不说孩子不爱吃虾了。

这就是孩子，他们的口味随着成长在不断地变化着。家长千万不要把孩子一时的喜好当成千古不变的真理。应多尝试做一些孩子曾经不爱吃的食物，也许孩子现在很喜欢吃呢。

让孩子养成爱做家务的好习惯

高尔基曾说：“世界上最美好的东西，都是由劳动、由人的聪明的手创造出来的。”劳动是无上光荣的，人们的价值在劳动中才能得以体现，中国传统美德更是提倡勤劳。然而，现在很多独生子女在家长的悉心呵护下不知“艰辛”为何物，终日里懒懒散散，什么家务都不会做。这样的孩子，将来有一天离开了父母的羽翼，他们能够撑起人生的明天么？

丽丽是家里的老末，父母异常疼爱她，什么家务都不让她做。直到五岁时，丽丽还不会独立吃饭，依然需要妈妈一勺勺地喂给她。为了让丽丽少吃些苦头，丽丽妈妈每天九点多将孩子送到幼儿园，中午再将孩子接回家中睡觉，睡醒之后再将丽丽送到幼儿园。这样做的目的还因为丽丽不会自己穿衣服。幼儿园里的小朋友午睡之后都需要自己穿好衣服，丽丽妈妈担心丽丽不会自己穿衣服而受屈，便想出了这样一个两全其美的好方法。这样一来，孩子在幼儿园的困难就少一些了。

生活总是公平的，丽丽从小养尊处优，从未做过任何家务事，可谓是“幸福”极了。不过没有几年，丽丽需要离开父母到寄宿学校去了，这下可愁坏了丽丽妈妈——孩子要独立生活了，可是她从来没做过任何事情，这到了学校里，衣服谁帮她洗呀，袜子谁帮她洗呀，谁帮她整理床铺和衣柜呀？想到这些，丽丽妈妈的心便再也放不下了。事实也确如丽丽妈妈预料的一样，丽丽的确不能很好地照顾自己。看着其他同学将自己的事情做得有条有理的，丽丽的心里充满了悔恨。

事例中的丽丽是现在很多孩子的代表。在这个“下一代无比至上”的时代里，带给孩子一瞬间的舒心远不如帮助孩子养成一个可以终身受益的好习惯。家长们想要的是一株笔直坚硬的杨树，而不是一棵弯弯曲曲的垂柳。

汗水和勤劳造就了很多位不平凡的成功者。然而，随着生活水平的提高，越来越多溺爱孩子的家长造就了越来越多懒惰的孩子，这是一个客观现实。懒惰是万恶之源，要想享受真正的人生，过真正的幸福生活，就必须辛勤劳动。只有在劳动中，自身的价值才能得以体现；只有在劳动中，人们才能体会真正的快乐。勤劳是成功的必要条件，只有通过自己的汗水获得的东西，孩子们才会懂得珍惜，才会觉得美好。很多优秀的好孩子从来不做温室中的花朵，他们勇于接受风吹雨打，他们一次又一次地创造出了优异的成绩。作为父母，我们都希望自己的孩子能够拥有健康、完美的人生。因此，家长们需要从小培养孩子做家务的习惯。让孩子做家务的目的不是为了减轻家长的劳动量，而是为了培养孩子的动手能力、生活能力和勤劳的品性。看似简单的家务活儿，竟能有如此

巨大的功能，很多家长决定立即行动起来。下面简单列举一下两类孩子能独立完成的家务活儿。

（1）让孩子自己洗衣、洗漱、穿衣、叠被子等。

家长们千万不要太过溺爱孩子，孩子自己的事情一定要让孩子自己动手操作，如日常生活中的洗衣、洗漱、穿衣、叠被子，这些都要训练孩子独立完成。孩子是家长的后代，终有一天他们需要离开家长独立生存。这些简单的家务活儿是孩子们需要过的第一关。再往深了说，独立完成这些简单的家务活儿，可以训练孩子的自理能力，有助于孩子的智力发展、增强孩子的独立意识。

（2）让孩子帮忙倒杯水、拿牛奶等。

这类家务活儿做起来很安全，孩子们都能很好地完成。在做这些家务活儿的过程中，孩子们能够深刻地体会到帮助别人的乐趣。他们会因此觉得自己很重要、很有能力，自信心会得到很大提高，同时还能培养孩子乐于助人的优良品质。

综上所述，家里很多简单、安全的家务活儿都可以由孩子独立完成，这是很好的家教环节，家长千万不要剥夺孩子做家务的机会。因为在孩子独立做家务的过程中，孩子们收获的东西太多太多了。

节约，不浪费永远都是一种美德

如今，浪费的现象随处可见：校园里，水龙头哗哗地流着水；食堂垃圾桶里整块的馒头、水果、点心；被丢弃的各式各样崭新衣服……孩子们似乎从小就丢失了勤俭节约的传统美德。而实际上，勤俭节约是一种可以终生奉行的美德，它能让孩子未来的生活更加富裕、更加美满。

“奶奶，我要吃包子！”大早起来就听见乐乐大声喊道。奶奶一边收拾餐桌一边答道："包子好了，赶快起床吃吧。"

乐乐爬了起来，顾不上洗脸、洗手，抓起一个热腾腾的包子便塞进嘴里。"哇，什么味道呀，奶奶你做的什么馅的包子呀，太难吃了。"说完，乐乐随手将只咬了一口的大包子扔进了垃圾桶。奶奶连忙捡了出来，说道："乐乐你太浪费了，这么好的包子怎么说扔就扔呀。""我不喜欢吃，所以就扔了，什么浪不浪费呀，不就是一个包子嘛，难不成还要硬吃么？"说完，乐乐毫不在意地走开了，"还是再给我做点米饭吧。"

"都是我从小把你惯坏了。"尽管奶奶嘴里抱怨着，但依然走进厨房里按照孙子的要求重新准备材料。没过一会儿，香喷喷的大米饭做好了，配上精致可口的菜肴，终于满足了乐乐的要求。早已饥肠辘辘的乐乐，狼吞虎咽地吃了起来。

"慢点，慢点，你看你都多大了，还掉这么多米饭粒。"奶奶边说边捡起乐乐掉在桌上的米饭粒来，"这孩子就是没有吃过苦，一点儿也不懂节约。"

"哎呀，奶奶你烦不烦，不要捡了，不就是几个米饭粒嘛，扔掉，扔掉，别吃了。"乐乐不耐烦地说道。

终于，奶奶听不下去了，她将碗重重地放在桌上，非常严肃地说道："乐乐，你太过分了，你不知道这些粮食的来之不易么？每一粒粮食都是用农民的汗水换来的。这么随意丢掉太不尊重别人了，奶奶小的时候，从来都不敢乱扔一粒粮食。"看着奶奶严肃的表情，乐乐意识到了自己的错误。他向奶奶承认了错误，并在奶奶的要求下吃掉了自己掉在桌上的米粒。

该事例中不珍惜粮食的现象是很多孩子的通病。随着生活条件的提高，孩子们可以说是要什么有什么。东西来得太过容易了，便养成了孩子们浪费、不懂珍惜的习惯。作为家长应该好好反省一下，及时引导孩

子养成勤俭节约的好习惯。

从小培养孩子勤俭节约的好习惯，珍惜每一滴水、每一粒粮食，杜绝浪费，孩子才能体会到美好生活的来之不易，才会懂得珍惜。那么，家长该如何培养孩子节约、不浪费的生活习惯呢？

（1）从小引导孩子树立正确的消费观。

家长要引导孩子树立正确的消费观，该买的东西买，不该买的东西不要买，不能孩子想要什么就买什么。随着孩子年龄的增长，家长要教会孩子如何管理钱财、如何节省，要坚决约束孩子大手大脚的消费习惯。现在很多家长每天都会给孩子 50 元或是 100 元的零花钱，试想，一个不缺吃穿的孩子，每天需要这么多的零花钱么？这样的家长，你们想要培养一个拥有什么样的消费观点的孩子呀？

2. 控制孩子的零花钱。

很多孩子一放学就会一头钻进商店。手里有钱，想买什么就买什么，巧克力、雪糕、各种糖果、新样式的文具盒……久而久之，孩子们之间便形成了攀比之风，看谁更有钱，能买得起昂贵的东西。这种情况应该引起家长的警惕。孩子们自小形成的不良习惯，势必会影响到孩子的一生。作为家长，千万不要给孩子养成奢侈的恶习，那样容易导致孩子将来走向犯罪之路。因此，建议家长严格控制孩子的零花钱，即便是家庭条件再富裕，富养孩子也是非常愚蠢的行为。

（3）拒绝为孩子提供所要求的物品的理由——“太贵了”。

看着孩子可怜巴巴的小表情，很多家长选择了妥协。“算了，不管东西应不应该买、贵不贵，给孩子买一个吧。”很多家长就是这样放弃原则的。心疼孩子，不忍心拒绝孩子，即便自己节衣缩食也要满足孩子的要求，看似是无比伟大的父母，其实是最自私、最无知的父母。费劲巴拉地帮孩子养成了铺张浪费的恶习之后，等到你实在没有能力满足孩子时，孩子会怎么办？因为家长一时的不忍、一时的溺爱，孩子有可能会付出惨重的代价。

古人云："俭，德之共也；侈，恶之大也。"勤俭节约一直都是中华民族的传统美德。勤俭节约不仅可以积累财富，还能帮助孩子走向成功之路。相反，奢侈浪费往往会引导孩子走向失败的深渊。

你的孩子沉迷电子游戏吗

当前，网络已遍布世界的每一个角落，成为现代生活中必不可少的部分。网络在给人们的生活、学习、工作带来便利的同时，也给孩子的教育带来了诸多新挑战，很多孩子沉迷于电子游戏，并因此而荒废学业。

说到这里，不禁让人想起 2007 年备受人们关注的"张非事件"：

一个名叫张非的四川孩子，曾是父母、师长的骄傲，众人口中的天才，一度凭借着优异成绩考取了清华大学。然而不幸的是，张非在步入大学之后终日沉迷于电子游戏，完全荒废了学业，各科成绩一路红灯，最终在入学一年之后被学校劝退。

回到老家的张非备受打击，决定痛改前非。于是，张非重新开始努力学习。经过半年多的学习，张非又以优异的成绩被北京大学录取。然而，亲朋好友们喜悦的心情还没有平复，张非再一次因为沉溺于电子游戏而被北京大学劝退。一如既往，受了打击的张非决定再一次参加高考。天才就是天才，第三次高考，张非凭借着优异的成绩再次被清华大学顺利录取。

张非的传奇经历在当地成为街头巷尾、茶余饭后的谈资。重点大学的几次劝退和几次录取，使得张非成了名副其实的"名人"。人们在感慨张非聪明智慧的同时，也被电子游戏的魔力深深吓住了，很多家长因此隔绝了孩子与网络的接触。有的家长为了防止孩子不沉溺于网络，家里不用电脑，不让孩子上网，手机只允许使用老年机。这些家长简直将

网络视为魔鬼，让孩子有多远就离多远。然而，当今是互联网的时代，离开了互联网，无论是孩子的学习还是生活都将严重落后。跟不上时代的发展，不能及时掌握第一手信息，如何让孩子在今后的工作和学习中立于不败之地呀。

更有甚者，很多孩子因为家长的严格隔离被迫无奈只能偷偷地去网吧上网。没有了健康的网络环境，孩子坠入电子游戏的可能性大大增加。由此可见，如何科学健康地运用网络，预防孩子沉溺于电子游戏是每位家长都需要深思的问题。

下面列举几点小意见，与家长朋友共享：

第一，网络作为高科技的产物，其本身无所谓是非对错，关键在于如何运用网络。网络是人们生活、学习和工作的重要工具，是现代人与外界沟通、获取所需信息最快、最有效的手段之一。在这个互联网时代，孩子们必须要接触网络。严禁孩子运用网络是非常不理智的做法。对此，家长朋友应正确看待。

第二，孩子们易沉溺于电子游戏，这是孩子自控力不足的表现。对此，家长想凭借着切断孩子与互联网一切联系的方法来预防是行不通的。家里没有网络，网吧里有呀，孩子们只要想上网就一定会找到办法的。到时候，家长们会发现，不仅没能成功预防孩子沉迷于网络，反而加深了孩子对网络的痴迷程度。因此，家长朋友需要做的不是严禁孩子接触网络，而是从根本上解决问题，提高孩子自身的自控能力，让孩子有能力约束自己的不良行为。

第三，关注孩子的身心健康，为孩子提供健康的成长环境。研究表明，孩子沉迷于电子游戏的原因有很多，其中很重要的原因来自于家庭。现在很多家长都过分关注孩子的成绩。为了能够出成绩，家长们几乎将孩子逼到了极限，原本应该无忧无虑、轻轻松松的童年变成了压力重重的高压期。孩子们急需释放压力，于是网络便成了最好的解压途径。因此，建议家长要正确、理性地管理、教育孩子，让孩子拥有一个健康、愉悦的童年时光，让孩子清楚地意识到除了网络之外现实生活也是很精彩的。

家长们,带领我们的孩子去爬山、去涉水、去一览冰山之巅、草原之夜、大漠之广阔，让孩子明白不是只有沉迷于电子游戏才会有快乐、才会有幸福感，现实生活同样丰富多彩！

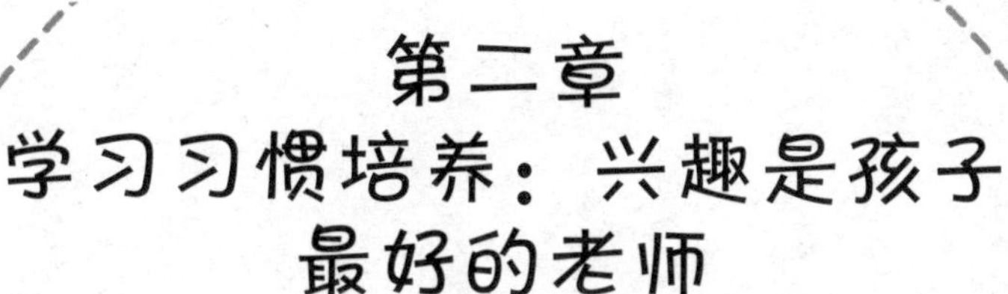

第二章 学习习惯培养：兴趣是孩子最好的老师

中国人历来都很重视子女的学业教育，每个父母都希望孩子能成龙成凤，但优异的学习成绩离不开良好的学习习惯，所以我们一定要重视孩子学习习惯的养成。

一定要重视孩子的学习兴趣

爱因斯坦曾说：“兴趣是最好的老师。”的确如此。兴趣可以激发孩子的热情，提高孩子的坚韧力；兴趣还可以唤起孩子内心深处的潜能力，支持孩子在某一领域走得越来越远；兴趣还可以改变孩子对人、对事的态度，使其积极主动地争取自己想要的东西。实践证明，孩子们在有兴趣的情况下，注意力会高度集中，思维会非常敏捷，接受新知识的能力变得非常强，更容易创造好成绩。因此，作为家长，发现孩子的兴趣并给予足够的重视和引导，会让孩子终生受益。

静静从小就喜欢医生这个行业。长大后她想成为一名白衣天使，帮助病人解除疾病的困扰。其实，这就是静静的兴趣。只不过，静静的父母每天都为生计忙碌着，忽略了孩子的兴趣，因此从来没有正视过孩子这一爱好。

因为对医生这个行业的迷恋，静静同样喜欢生物。尤其是讲人体结构这部分时，静静发现自己的记忆力特别好，她聚精会神地听着生物老师的讲解，都忘了去记课堂笔记。一节课下来，静静甚至能够将整节课的讲义都背下来。这里需要强调一点，其不是死记硬背，而是彻底理解。因此，静静的生物学得特别好，每次考试都是满分。就连静静的生物老师也有些奇怪，她觉得似乎没有什么题目能够难住这个孩子。

除此之外，静静还对物理感兴趣。同样是在兴趣的作用下，静静的物理成绩也非常好。同学们都做不出来的题目，她却能做出来。此时此刻，孩子的兴趣显然已经非常明了了。而不幸的是，静静的父母一点常识都没有，丝毫不了解兴趣对孩子的重要性。静静的学习兴趣没有引起他们的重视。再加上静静自身的原因，同样也没有意识到兴趣的重要作用。

于是，静静并没有朝着自己感兴趣的方面发展。在分科时，静静的父母结合各种现实原因，如学校的师资、升学的概率等原因，让静静选择了文科。这就意味着静静与她最爱的生物和物理无缘了。父母的无知是多么可怕，其后果却要孩子来承受。静静自选择了文科之后，整个人都变了，再也没有往日的神采和激情。一节课下来，静静觉得昏昏欲睡，提不起一点兴趣。最终，静静的成绩一落千丈，父母也非常自责。

事例中的静静是一个小糊涂虫，不知道兴趣的重要性，放弃了自己感兴趣的学科，致使成绩一落千丈，有可能会因此而影响她的一生。孩子年龄小，很多事情都不是很清楚，作为父母——孩子的直接监护人，有责任也有义务替孩子把好人生的重要关节。静静的父母忽略了孩子学习兴趣的行为是非常不负责任的表现。试想，如果有一天，孩子长大了，因此而埋怨父母，父母又有何颜面为自己辩驳呢?

世界上有很多人错失了兴趣，被逼无奈，为了生计只能从事着自己并不感兴趣的事业。这样的人生局面，无论他们怎样努力、取得怎样的成绩，都不会觉得幸福。甚至有很多人，尽管他们付出的比别人多很多，而回报却少得可怜，就是因为他们没有从事自己感兴趣的事业，因此无法调整自身到最佳的状态。这样的人生充满了遗憾。

兴趣是最好的老师，由于有兴趣，孩子们会变被动为主动，自发地学习、研究，在这样的学习态度支配下所取得的学习成果自然也会十分可观。正如物理学家杨振宁所说的：“成功的秘诀在于兴趣。”顺应兴趣去学习，可以充分调动孩子的积极性，充分发挥孩子的潜能量，让孩子在最短的时间，最专注地做事情，最大限度地获得成功，拥有无悔而又无限幸运的人生。要知道，这个世界上有很多人都与自己的兴趣爱好失之交臂，造成了终生的悔恨。因此，为了孩子的将来，为了孩子能够拥有无悔的一生，家长们一定要重视孩子的学习兴趣。

你的孩子能每天自觉完成作业吗

琳琳9岁了，简直让她妈妈操碎了心。

“也搞不清什么原因，孩子就是不能主动去写作业，烦死我了。每天下班之后，都要强迫孩子写作业，而且效率还非常低，有时甚至写到12点才能写完，弄得我心力交瘁的……”琳琳妈妈又在抱怨了。

琳琳上小学二年级了。自从孩子上小学开始，琳琳妈妈的生活就被打乱了。打乱她生活的原因竟然是孩子做作业，这不禁让人觉得不可思议。

据琳琳妈妈描述，琳琳放学回到家后从来不主动写作业，一会儿玩玩这，一会儿玩玩那，直到她下班之后一顿乱吼，才肯老老实实地写作业。可是，小丫头看起来文文静静的，不像个调皮捣蛋的孩子，怎么就不能好好写作业呢？

每当琳琳做作业时，琳琳妈妈就在孩子的身边监督着，孩子写错了或是写得不好，琳琳妈妈会立即指出，并严厉批评孩子，让孩子擦掉重新写。时间一长，琳琳妈妈的这种方式使琳琳养成了妈妈不在、没有人监督就不写作业的习惯。因为琳琳想赶快放松一下。除此之外，琳琳还养成了一种坏习惯：不能专心写作业。

为了能够让女儿早点写完作业、早点休息，琳琳妈妈只好要求女儿一放学就来到单位，在她的监督下写作业。有一次，因为一些临时任务，琳琳妈妈脱不开身，只有请求同办公室的魏阿姨帮助监督琳琳写作业。魏阿姨将作业本铺好，让孩子专心写作业。可是，不到两分钟，琳琳就试图与魏阿姨聊聊天。遭到拒绝后，琳琳又低下头写作业。没过一分钟，琳琳又写不下去了，问东问西，就是不专心写作业。就这样，一个小时过去了，琳琳连两行字也没有写满。

琳琳妈妈回来之后，魏阿姨简单说明了情况，并指出琳琳不专心的坏习惯一定与家长有关。琳琳妈妈回想一下还真是，平日里孩子写作业的时候总是被打断，一会儿给孩子喂水果，一会儿又给孩子换衣服，一会儿又让孩子帮忙传递东西。久而久之，琳琳就变得注意力不能集中了。由此，琳琳妈妈又咨询了专家。

专家指出，琳琳不能主动写作业的习惯也和家长有关。琳琳写作业的时候，家长一直都陪着，还会时不时地指出孩子的错误，帮助孩子解答不会做的题目。家长的这种行为，让孩子产生了强烈的依赖性和排斥性。所谓“依赖”，是指孩子做作业时需要家长的陪同，家长不在的时候，没有人监督，孩子们不会主动写作业。所谓“排斥”，是指孩子在做作业的时候一再受到家长的训斥，导致孩子本能性地认为做作业是一个很难过、很痛苦的经历。因此，孩子才排斥做作业。

由此可见，让孩子每天都自觉完成作业需要技巧，家长需要做到以下几点：

（1）不要打扰孩子。

孩子在做作业的时候，家长不要因为任何事情打扰孩子。很多家长总是在孩子做作业的时候，以端水、送饭、送水果之类的理由无端打扰孩子。这样的行为，会打乱孩子的思路，使孩子的注意力无法很好地集中，久而久之，就会像事例中的琳琳那样坐不住，也写不进去。因此，在孩子写作业的时候，家长们要分清轻重缓急，宁可让孩子少喝一口水、少吃点水果，也不要不断打扰孩子，让孩子形成不良的习惯。

（2）让孩子独立完成作业。

做作业，是孩子自己的事情，不是家长的事情。因此，在孩子做作业的时候，家长不要陪同，也不要关注孩子做得是不是错误的。在这个过程中，孩子应该独立思考，不应该依赖旁人。

（3）不会做的题目，让孩子自己解决。

很多家长陪孩子做作业的目的是为了及时答疑解惑。然而，这样的答疑解惑是不对的。作业是为了检测孩子的学习成果，如果孩子当天作业完成得好的话，老师可能就会进行下一个知识点的传授；如果孩子当天作业完成得不好的话，老师则会重新讲述一下。而如何做，完全依据于孩子们的作业情况。如果家长们将孩子的作业全部指导至优良程度，会给老师传递错误的信息。因此，孩子在做作业的过程中遇到不会做的题目，要么让孩子自己思考、重温知识点，自行解决；要么第二天回到学校请老师解惑，家长不要插手。

由此可见，仅仅是孩子做作业这个看似简单的事情，也同样需要家长的耐心引导，帮助孩子养成良好的习惯。

保护好孩子的好奇心和求知欲

爱因斯坦说过："对于一切来说，只有热爱才是最好的老师。"因为热爱，才会产生兴趣，才会产生好奇心和求知欲，才会将被动学习转化为主动学习。主动学习和被动学习这二者之间的区别很大，产生的学习效果也有很大差别。在主动学习的过程中，孩子的注意力会高度集中，思维更敏捷，潜在的能力会被调动起来，因此学习效果会更好，成绩会更明显。因此，保护好孩子的好奇心和求知欲是维护孩子学习热情、引导孩子主动学习的最好方式。

九岁的孩子迪克，跟随父母来到美国。迪克的父母对孩子学习环境的大变化充满了担忧，恐怕孩子不能适应，影响到了学业。

不一样的是，以前孩子一放学就会拿出作业本专心致志地写作业，而现在孩子一放学就会跑去图书馆，抱回很多书籍，一边看书一边写作业。迪克的父母有些疑惑。迪克的爸爸趁孩子不注意的时候，悄悄地看了一眼孩子的本子。“我的昨天与今天”——迪克的本子上赫然写着这几个字。爸爸有些哭笑不得，一个9岁的孩子竟然写出了这样的题目。于是，迪克爸爸决定和迪克沟通一下：

“迪克，我能不能了解一下，你现在在做什么？”

“可以的，我正在准备写本书，书名我都想好了，《我的昨天与今天》。”迪克答道。

果然不出迪克爸爸所料。迪克爸爸觉得这样的题目有些大，一个九岁的孩子哪有那么多故事呀，恐怕连大学校园里的博士也不一定敢用这样的口气。于是，爸爸想表示否定，准备阻止迪克做这件事情。但否定的话语已经到了嘴边，又被迪克爸爸生生咽了回去。

“好的，孩子，我觉得很好，爸爸有个请求，希望等你大功铸成的时候，我有幸能做第一个读者，可以么？”一百八十度大转弯，连科迪爸爸自己都有些惊讶了。

过了两个月，迪克的大作完成了，是一本200多页的小册子。这里面写得五花八门、热热闹闹的：从婴儿时期，迪克还只是一个细胞起，到独立行走，到牙牙学语，再到第一次和小朋友握手、第一次去幼儿园、第一次和小朋友吵架、第一次给妈妈端水、第一次上小学……最后，书本后面还列出了参考书。迪克的爸爸有些吃惊：“这是我的孩子写出来的么？太神奇了吧。”

看着九岁的孩子兴致勃勃地完成了自己的大作，迪克爸爸意识到了自己最初的决定是对的，不管结局如何，首先，保护孩子的好奇心和求知欲的初衷是非常准确的。迪克爸爸在心里悄悄地为自己点了一个赞。

由此可见，教育不应该只是让孩子学习课本上的知识，而应该更多地关注孩子的心理。对于孩子的好奇心和求知欲，家长应小心保护。孩子养成一种良好的学习习惯不容易，而且对孩子而言可以说是终身受

益。任何一位成功者都需要有一份纯粹的热情，如果没有了好奇心，那么，无数个苹果落地也砸不出万有引力定律来。

保护孩子的好奇心和求知欲应从生活的点滴做起：

（1）孩子爱问为什么是一个好现象，家长要鼓励。

孩子们的好奇心很重，到了一定年龄之后总是喜欢问为什么。这是孩子爱动脑、勤思考的表现，是一个非常好的现象。作为家长，一定要给予孩子鼓励和表扬，不要因为嫌烦就叱责孩子，否则，孩子还以为问问题是错误的行为，会本能地减少提问，进而减少对于外界的好奇心。

（2）尽量回答孩子的问题。

对于孩子提出的铺天盖地的问题，很多家长都会觉得有些招架不住。对此，家长们一定要认真对待，不可乱说，实在不会的可以通过资料查找到正确的答案。如果家长们确实无法回答，可以让孩子自己去寻找答案。在从孩子提问到寻找答案的过程中，同样可以促进孩子的求知欲培养。

（3）不要让孩子看到你对提问的负面情绪。

妈妈正忙着洗碗，孩子跑了过来，问道："妈妈，为什么我不能变成怪兽？"对于这个孩子问了一个晚上的问题，妈妈终于发脾气了，"有完没完，再问我这个问题，我就生气了。"孩子惊恐地看着已经生气的妈妈，"难道妈妈不喜欢我问问题？"类似这种场景生活中随处可见，孩子们天真的问题时常搞得家长不知该怎样回答，最后恼羞成怒，粗暴地让孩子闭上嘴巴。家长这种行为，会大大削减孩子的好奇心和求知欲。这一点，家长一定要引起重视来。不要因为回答不上来，伤了做家长的面子，就粗暴地制止孩子提问的权利。

每个孩子都是带着一颗好奇心来到世界上的，他们像一个个探险家，企图了解、探知他们不知道的神秘世界。因为有了这种原始的、本能的好奇心和求知欲，人类才能不断进步，社会才能不断前进。好奇心是孩子们渴望获得更多知识的动力，是孩子们不畏艰辛探索更高领域的勇气支撑，是孩子们快速成才的先天优势。因此，家长们一定要小心保护好孩子的好奇心与求知欲。

鼓励、支持孩子在学习中去探索

小白是一个非常天真活泼的孩子，具有很多优点，除了不爱动脑筋外。有时老师布置几道难度稍大一点的作业题，其他小朋友都会认真思考，结合书本及老师提炼出来的知识点动脑筋解决问题。而小白才不会这么做呢，她一看不会做便会立即合上作业本说："不会做，等明天老师解析吧。"尽管爸爸一再要求她仔细想想，动动脑筋，可是小白却坚持不肯动脑筋。

不仅是在学习上，在生活上也是如此，遇到任何新鲜事物，小白即使是感到好奇也不愿多探索。例如，有一次，爸爸妈妈带她去动物园，看到了一种名为火烈鸟的动物。这是小白从来没有见到过的新物种，她非常好奇，火烈鸟竟然长着像火一样的双翅。为了能够引导小白动脑筋进行探索，爸爸问道："小白，你知道为什么火烈鸟的翅膀像火一样红么？""我不知道。"小白像平常一样如实地回答道。"那么，你愿意和爸爸一起寻找答案么？"爸爸接着问道。"不用了，太麻烦，爸爸如果你找到了答案告诉我一声就行了。"小白的回答让她的爸爸大跌眼镜。

小白就是这样一个不爱探索的孩子。面对这样一个思想懒惰的孩子，家长应该怎么办呢?

首先，不能否认小白有很多优点，但是不爱动脑、对事物缺乏探索精神绝对是她的一个致命缺点，直接影响着她以后的学习和生活。那些学习成绩优良的孩子从来都不是不爱动脑筋的孩子，他们非常爱动脑筋，遇到问题积极探索，具有举一反三的能力。这样的孩子在后期的生活和工作中同样善于探索，很多技能能够在最短时间内迅速掌握。而像小白那样不爱动脑的孩子，他们只会按部就班地依照程序做事情。可以这样说，他们“没有脑子”，离开制式的程序和思考他们就什么也不会做了。

人类的文明就是在一次次思想与现实的碰撞中前进的。没有第一个勇于探索螃蟹味道的人大胆地试吃了螃蟹，人们的餐桌上永远不会出现螃蟹的影子；没有第一个勇于探索宇宙的人登上其他星球，人们永远不知道地球以外的星球是什么样子；没有第一个勇于探索飞翔是一种什么感觉的人为自己绑上两只翅膀，人们永远乘不上飞机……人类文明的进步离不开孜孜不懈的探索精神，没有探索精神的孩子永远无法成为一个完整的人。

作为家长，我们要应努力培养出一个具有探索精神的孩子，让孩子的精神世界无限广阔。

（1）鼓励孩子多提问。

孩子提出问题，说明孩子在进行探索、在开动脑筋，这是一个好现象。作为家长，当面临孩子提问的时候一定要认真对待。家长的态度直接关系到孩子提问的积极性。如果孩子发现自己问问题时，父母总是非常重视，那么孩子就会愿意提问。同时，父母还应注意回答孩子时的态度，要耐心。很多时候，孩子们提出的问题总是让人很难回答，说深了孩子不懂，说浅了家长又不知道该怎样组织语言。于是，家长开始急躁，开始不耐烦。面对家长的不耐烦，孩子们慢慢开始不敢提问了。因此，作为家长，在面临孩子提出的各种问题时，要耐心、用心地做出解答。

(2) 引导孩子探索。

家长们要抓住一切机会，引导孩子探索。如，走在街上，看到红绿灯在闪烁，不妨问问孩子：“世界上除了红绿灯之外，还有其他方法指挥交通么？”不要担心你的问题太难，任何问题只要孩子们用心思考都会有答案的。

（3）鼓励孩子多和年龄大的孩子玩。

年龄大的孩子，视野更宽广，思维更敏捷。很多事物他们能够顺利解读，孩子多同这样的孩子一起玩耍，接触的事物也会更具探索性。

生活就是一个神奇的大课堂。在这里，孩子们可以尽情地探索，在未知的领域畅游，享受神奇与神秘，享受由无知到知的过程，揭秘世界各个领域的面纱，寻找更文明、更先进的明天。

阅读改变人生：培养孩子读书习惯

“书中自有黄金屋，书中自有颜如玉。”书籍是人类文明最好的记载，记载着古今，预示着未来。离开了书籍，人类的生活将会退化；离开了书籍，孩子们的生活将会失去色彩。没有什么事情比读书更值得提倡。成长不可无书，培养孩子读书的习惯应从每一位家长做起。

荣荣家里距离新华书店不到两公里距离。这个先决条件，培养出了荣荣爱读书的好习惯。荣荣的父母是小镇上的普通工薪人员，收入不高，日子过得紧巴巴的。可是，荣荣的爸爸早就对孩子们承诺说：“我和你们的妈妈虽然收入不高，但是只要是你们想要买的书，我们一定给你们买。”有了爸爸经济上的支持，荣荣爱好读书的习惯顺利发展了下去。

每个周末，荣荣一家不是去游乐场或是动物园，而是去书店。有时候，为了能够省点书费，她们会选择整天泡在书店里阅读，直到工作人员过来通知闭店时间到了，才依依不舍地离去。

荣荣特别喜欢读书，9岁的时候就已经顺利读完了《红楼梦》。荣荣的弟弟也非常喜欢读书，像《红与黑》《巴黎圣母院》《围城》等等早就耳熟能详了。用荣荣的话说：“他们是最省事的孩子了，只要把她

和弟弟扔到书店了，父母们想做什么就可以做什么去，根本不用陪他们，因为他们是不会离开书店的。”

其实，每个家长都希望自己的孩子能够喜欢读书，养成阅读的好习惯。只是出于各种担忧，不知道该怎样培养孩子爱读书的好习惯。事实上，让孩子爱上读书特别简单。下面就介绍几种方法：

（1）把孩子仍在书店里。

书籍对所有人都具有一定吸引力，孩子也一样。与其花时间带孩子去公园、游乐场、郊外，不如抽出一点时间带孩子逛逛书店，让孩子自己挑选一些喜欢的书籍。只要家长经常性地把书籍这个吸引力元素抛向孩子，那么相信用不了多久，孩子就会被它所牢牢吸引住。

（2）家里多备点书，经常引导孩子读书。

孩子们的时间很充裕，特别是上小学之前的孩子。那么，这么多空闲时间为孩子安排什么活动呢？总不能一直都看电视、玩电脑呀，这样对眼睛太不好了。也不能一直陪着孩子做各种游戏，终究成人与孩子的兴趣点差别还是很大的。其实，读书是一个非常不错的安排。其既能修身养性、增长知识，还能各取所需，读各自感兴趣的书籍。书中有其无穷的乐趣，只要孩子慢慢习惯了读书，就一定会对读书着迷，家长们根本不用刻意强迫孩子去阅读。

（3）不认识字的孩子，家长可以给他们读。

年纪小的孩子尚不能自己阅读，家长可以帮助孩子阅读，让孩子从小就翱翔在浩瀚的书海之中。

（4）不要约束孩子看书的姿势。

读书原本就是一种放松方式。既然是要放松，那么怎么舒服就怎么来吧，坐着、躺着、立着都可以，只要孩子愿意读书，这些就都是小事情。不要一本正经地要求孩子读书时一定要正襟危坐，那样很可能会伤害到孩子阅读的积极性。

（5）让孩子专注读书，不要总是打扰孩子。

很多家长见孩子长时间地读书，总是喜欢一会儿送杯牛奶、一会儿送个果盘，以为这样可以让孩子边读书边补充能量，提高读书的效率。其实不然，这样不断打扰孩子的思路会分散孩子的注意力，使孩子无法专心读书。因此，在孩子读书的时候，家长千万不要去打扰他。

（6）珍爱书籍，不可以撕毁。

一定要告诉孩子不可以撕毁书籍、不可以在书上乱画乱涂，要好好保存每一本书籍。家长要从小帮助孩子养成珍爱图书的好习惯。事实上，将孩子从小到大读过的书籍全部保存起来，等到孩子们老去的那一天回过头来看看自己的小图书馆未尝不是一件快事。

高尔基说："我扑在书上，就像饥饿的人扑在面包上。"书是孩子们成长中的良师益友，读书不仅能够带给孩子们生活的乐趣，还能带给孩子们生命的色彩、生存的技能。人生处处离不开书籍，孩子尤其离不开书籍。

"书山有路勤为径"——学习要勤奋

"书山有路勤为径，学海无涯苦作舟。"

"业精于勤而荒于嬉。"

"成功是 1% 的灵感加上 99% 的汗水。"

……

这些至理名言皆传递着一个真谛——学习需要勤奋。

学习需要勤奋，只有勤奋才能有回报。在无边的学海中，想要成功抵达彼岸，勤奋是必备的条件。一个孩子无论悟性如何，唯有勤奋才有可能有所成就。至于那些智商一般的孩子，想要遨游学海，则更需要勤奋学习了。

俗话说："笨鸟先飞。"欢欢自认为是一个笨孩子，但她从小就十

分勤奋。在上小学的时候，欢欢从来都是先将作业写完，再温习一下老师所讲的知识点，然后才会出去与伙伴们玩耍，这样的好习惯让欢欢收获颇多。每次考试，欢欢总是会得第一名。

小学的知识很浅，只要欢欢肯努力就一定有成效。可是到了中学，随着知识的加深，欢欢发现自己的努力不见成效了。尽管她一如既往地勤奋，可是每次考试她的成绩总不是第一名。稳居第一名的孩子智商非常高，尽管他也很勤奋，却没有欢欢勤奋。为此，欢欢有些怀疑自己一直都在坚持的信念：只要自己努力就一定能够考取第一名。信念的动摇，让欢欢开始有些懒散，她不再像以前那样天不亮就起床学习，经常一睡就睡到中午，课余时间也不再抓时间、抢时间地学习了。

班主任老师发现了欢欢的异常，及时提醒了欢欢。然而，提醒显然没有起到作用。有些心灰的欢欢越来越松散。很快，期末考试结束了，欢欢的成绩让所有人都大跌眼镜——第 27 名，简直是欢欢想都想不到的名次，要知道欢欢从来都没有跌出过前三名。面对着这样的成绩，欢欢几近崩溃，她不明白为何不管自己怎么努力都考不了第一名，而自己稍稍松懈了一下，成绩下滑得就这么严重。

班主任老师找到欢欢，明确指出欢欢在这段时间不够勤奋。欢欢也将自己的疑惑告诉了老师。老师听完之后，语重心长地说道："孩子，人与人的天赋是不一样的，你很努力却无法超过没有你努力的同学，成为第一名，说明他的天赋比你好，这是先天因素，改变不了的。可是勤奋是后天因素，是我们自身可以控制的，你一直都很勤奋，所以成绩一直都很好。班里有很多天赋也很高的孩子，但是他们不努力，所以成绩很差。这难道不能说明问题么？勤奋不一定有回报，但是想要成功就必须勤奋。"

老师的话让欢欢重拾了勤奋学习的好习惯。很快，欢欢的成绩又恢复到以前的水平了。

学习需要勤奋，只有勤奋才能收获智慧。俗话说，“一分耕耘一分收获”，只要肯努力，就一定会有成效。正如事例中的欢欢，勤奋学习，成绩稳居前三名，而一旦放松了，成绩却一落千丈。这就是勤奋与不勤奋的差别。孩子们随着年龄的增长，接触到的各种诱惑越来越多，很容易放弃勤奋学习的好习惯，导致成绩一落千丈。作为家长，我们要做的就是鼓励、引导孩子保持勤奋的学习习惯。

（1）给孩子足够的精神食粮，让孩子保持对勤奋的“迷恋”。

家长可以多给孩子购买一些有关勤奋学习方面的书籍，激励孩子勤奋进取。例如，王羲的勤奋使他成为了著名的书法家，顾炎武的勤奋进取使他成为了清朝的“开国儒师”，等等。“一勤补百拙”，孩子们的天赋可能会存在差距，但是后天的勤奋却是公平的，只要肯努力、肯付出就一定会有回报。

（2）勤奋需要恒久，不能半途而废。

“学海无涯苦作舟”。显然，学习的过程有些枯燥，是一件苦差事。对于大多数孩子而言，摒弃各种诱惑，坚持勤奋学习需要坚强的意志力。要养成勤奋的学习习惯不是一朝一夕的事情，孩子们需要做好心理准备，不能半途而废。习惯一旦形成，很多事情就变得简单了，习惯成自然嘛。

“只要功夫深，铁杆磨成针。”古老的智慧一遍又一遍地告诉我们：勤奋是成功的前提条件。只要你用心、勤奋，就一定会有回报。孩子们，学习的路上需要勤奋，只有凭借着“勤奋”才能敲开成功的大门，才能拥有美好的将来！

不读死书，培养孩子学以致用的习惯

雨果说：“书籍是改造灵魂的工具。人类所需要的，是富有知识的

养料。”好的书籍能带给人们珍贵的知识，让一个贫穷的孩子成长为一个拥有巨额财富的成功人士。为此，鲁迅先生把别人喝咖啡的时间都用来读书了。书籍让鲁迅先生成为了一代文豪。然而，这并不意味着所有肯读书的孩子都能获得成功。读书也需要技巧，不能读死书，要学以致用，这才是读书的真正目的。

语文课是小明最喜欢上的课。语文老师不仅幽默风趣，而且还博古通今、旁征博引。因此，小明特别喜欢他的语文老师，喜欢上语文课。每天只要是上语文课，小明总是神采奕奕的。

有一天，小明终于忍不住了，就问老师：“老师，怎样才能像你一样博古通今呢？”

语文老师笑了笑说：“只要你能多读书，和书籍做朋友，那么很快你就会超过老师的。”

从此，小明便开始疯狂地读书。可是经过一段时间之后，小明却发现自己还是不能旁征博引。很多名词典故，小明明明已经阅读过了，可是真到用的时候就不知道引用了。于是，小明又找到语文老师问道：“老师，为什么我读了很多书，还是不能像您那样旁征博引，讲出来的道理总是能够引经据典。其实很多经典我也知道，为什么我就不会引用呢？“

老师说道：“小明，你不能为了读书而读书，读书的目的是为了利用书中的知识。因此，在读书的时候，你要用心领悟书中的真谛，要尝试着结合实际生活。老师以前一直都很自卑，因为觉得自己不够聪明，很多知识看几遍也背不下来，直到有一天我听到了这样一个故事，才改变了自己。”说到这里，老师决定将自己的小秘密告诉小明。

原来，老师小的时候也读了很多书，为了能够记住书中的知识，老师一遍又一遍地背诵，可就是背不下。忽然有一天，老师在书上看到了这样一个故事。故事说，一只小牛不会耕地，为了不被主人惩罚，它找来了很多相关书籍一遍又一遍地阅读，可是它还是不会耕地。直到有一天，隔壁的老黄牛提醒它："嘿，小家伙不要死读书呀，那样你永远也学不会耕地。要一边尝试着耕地，一边看书，这样一来二去，有两次就会耕地了。"小牛听完之后，按照老黄牛的方法尝试了一下，没想到只做一遍就会耕地了。小牛忍不住感叹道："原来耕地这么简单。"

小明听完老师的讲述后，立即明白了故事的含义。的确，书籍上的知识再丰富，如果不能学以致用，读再多的书又有什么用呢？

对于青少年来说，多读书是增长知识的主要途径。在这个知识高速更新的时代，孩子们更要每天读书，充实自己，这样才不会被时代淘汰。当然，读书的时候还是要讲究方式方法的。

（1）书籍结合实际。

美国老师布置了一项家庭作业。父亲非常奇怪："老师布置了作业，你为什么不看课本，反而要去图书馆和在电脑上查找一些相关资料呢？"孩子回答道："谁说作业一定要在课本中找答案呢。"父亲看了看作业的题目——"从中国到美国"。父亲心想，"这样的题目，简直可以成为研究生的论文了，这让孩子怎么完成呀。"

过了几天，孩子的作业做完了，厚厚的一摞，讲述了中国从古代到今天的发展，同时又研究了美国的人文习惯，最后孩子还模仿其他书本制作了目录。父亲惊讶了。

这就是学以致用，学无定律，用无定法，边学便用，与实结合。

（2）认真思考，将现实中的问题回归书籍。

世间的很多问题已经反反复复存在了几千年。纵观古今，已经有很多仁人志士在书籍中总结出了标准答案。我们要做的就是将现实中的问题回归书籍，寻找最准确的答案。

事实上，读书是最简单的事情，学以致用才是最难的部分，能够将自己所学的知识灵活运用到实践中才是真的学问。

张弛有道：会玩也是一种智慧

玩是孩子的天性，以剥夺孩子的天性为代价所取得的成果怎么会甜呢？

宁宁的爸爸和爷爷最近在闹矛盾，而且似乎矛盾很深。原来，宁宁的爸爸为了不让孩子输在起跑线上，为孩子请了四个家教，在孩子放学时为孩子补习功课，周六日还要全天上补习班，搞得孩子非常紧张。对此，宁宁的爷爷颇为不满。他认为宁宁爸这么做有违孩子的天性，不利于宁宁的成长，甚至有可能会把孩子逼上绝路。然而，他说服不了宁宁爸，没有能力将孙子从苦海中解救出来。为此，宁宁的爷爷好长时间不愿意理睬宁宁的爸爸。

宁宁爸爸的一意孤行终于有了“回报”——宁宁失语了。无论爸爸妈妈、爷爷奶奶怎么哄、怎么引导，孩子就是不肯说话。实在逼急了，孩子就会大喊大叫，把自己反锁在房间里。看着孩子这个样子，宁宁的父母觉得天都快塌下来了。他们带着孩子四处求医，各种检查都显示孩子一切正常，身体没有任何异样。最后，最不愿意接受的结果出现了，心理医生表示，宁宁的这种情况属于心理疾病，根源在于宁宁爸施加的高压。这个诊断一出，宁宁的父亲备感懊悔，此时此刻他宁愿接受孩子学习成绩不好的现实，也不愿意为了取得好成绩而把孩子逼成这样。

玩是孩子的天性，就像人们穿衣吃饭一样。玩作为孩子的权利，不应该被无情地剥夺。在现实生活中，有越来越多的孩子在繁重的学习压力下失去了玩的权利，一步一步变成了帮助家长实现人生理想的工具。试问，为什么家长曾经做不到的事情现在却强迫孩子替他们做到呢？

玩是孩子认知世界、了解世界的重要方式。孩子们在玩中感受着世界，领悟着生命。家长们不要为了某些冠冕堂皇的理由而剥夺孩子玩的权利。事实上，玩也是一门学问、一种智慧。会玩的孩子，不仅能够拥有快乐，同样还能成才，满足家长们“望子成龙，望女成凤”的愿望。

（1）会玩要做到张弛有度。

革命先驱李大钊曾说过：“要玩就玩个痛快，要学就学个踏实。”学习和玩要并不冲突。学习久了，大脑疲惫了，放下书本痛痛快快地玩一会儿，不仅放松了心情，还让疲惫不堪的大脑得到了很好的休息。当然，孩子们做事情也要有限度，不能无节制地贪玩，该学习时就要全心全意地学习。因为做任何事情都有一个限度，超过限度了就会适得其反，过度贪玩会荒废学业，很可能会让孩子付出一生的时光来弥补；而过度学习则会导致孩子精神紧绷、学习效率低下，同样不会取得好成绩。因此，孩子们要做到会玩、会学，要张弛有度。

（2）会玩要做到有针对性。

玩代表着孩子的兴趣。孩子们对玩感兴趣，所以才愿意玩。研究表明，兴趣是可以后天培养的。家长可以通过后天的熏陶、引导，逐渐培养起孩子对某种事物的兴趣。只要孩子感兴趣了，那么这个领域就成了孩子“玩”的对象。

有一个京剧小天才，父母都是京剧演员，受父母的影响，孩子对京剧也产生了浓厚兴趣。因此，在别人看来孩子是在苦练基本功，而对于这个孩子而言，他则是在玩，在玩中掌握了一门艺术——国粹京剧。

（3）站在孩子的角度看问题。

孩子的世界有其独特的规则，遵守了这些规则家长的教育就会成功，而违背了这些规则家长的教育就会失败。在孩子眼中，世界在玩，他们也在玩。父母应该站在孩子的角度，揣摩孩子的心理，准确把握“玩”的深层含义，在思想上引导孩子，而非强迫孩子。这样才能有效地约束孩子的行为。

玩是孩子处世的最初态度。孩子们愿意把身边的一切都与玩挂起钩

来，包括学习。当孩子们对学习感兴趣了，学习对孩子而言就是玩。玩与学并不矛盾，二者完全可以相辅相成。作为家长，不要过度地干涉孩子玩的自由，应正确引导，让孩子在玩中收获成绩、收获成功、收获幸福人生。

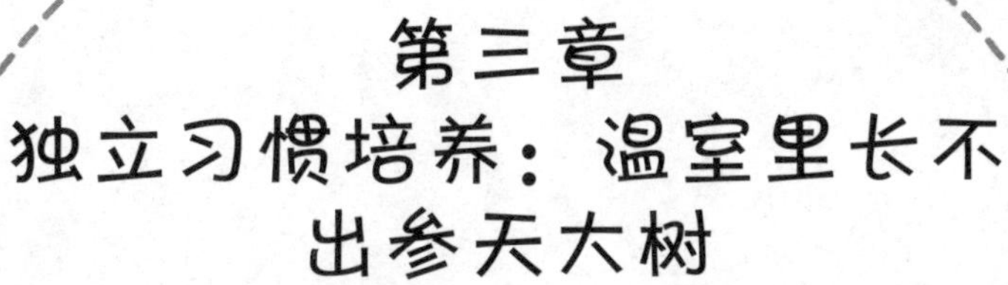

第三章
独立习惯培养：温室里长不出参天大树

不管你的孩子多么幼小，他们总会慢慢脱离父母，成长为一个独立的个体。给孩子最深沉的爱并不是毫无原则地为他们遮风挡雨，而是帮助他们慢慢学会独立。

不要大包大揽，请相信孩子能做好

前段时间电视里报道了一个五岁孩子照顾生病的家长的故事，着实让人感动，同时也让人惊讶：一个年仅五岁的孩子竟然能够照顾病人。与这个孩子相比，自己的孩子竟然差出了这么多。是什么原因导致孩子之间出现如此巨大的差距呢？

一位妈妈生病住进了医院。可能是由于生病的原因，人也跟着脆弱起来，好几天见不到女儿，想孩子想得心慌。家里人看出了她的心思，在她身体稍稍有些好转的时候便把孩子带到了其身边。这一天，看着女儿像一只小蝴蝶般飞到自己的病床前，这位妈妈似乎忘记了疼痛，与女儿“腻”在了一处。

没过多久，8 岁的女儿提出想要玩一下妈妈的手机。平日里这位妈妈是不赞成孩子玩手机的，但现在由于好长时间没有见到孩子了，她有些不忍拒绝孩子，便将自己的手机给了孩子。而从拿到手机的那一刻起，孩子的注意力便全部集中到了手机里的游戏中。甚至其间护士来换了两次药，竟都没有引起她的注意。看着女儿对自己不太关心的样子，这位妈妈有些难过了。试想，如果现在生病的是女儿，那么她一定会放下一切事情，一步不离地守护在孩子身边。这就是母亲与孩子的区别吧。

“姥姥，我口渴了，给我拿点水喝。”“姥姥，把桌上的苹果给我拿过来一个。”“姥姥，出去帮我买点好吃的来。”看着眼前全神贯注地玩着手机的女儿，这位妈妈发现孩子竟在不知不觉中添了指挥别人的毛病。女儿是家里的独生女，从小过着衣来伸手饭来张口的生活，竟然在不知不觉中养成了什么事情也不做的坏习惯。

为了纠正孩子的这个坏习惯，这位妈妈决定趁此机会放手让孩子自己做事情。她对女儿说："你已经 8 岁了，现在妈妈又生病了，每天都很难受，你的姥姥还需要照顾妈妈，所以家里的事情只能由你去做了。"女儿懂事地点点头。就这样，这位妈妈在医院住了一个多月的院，回到家之后她惊奇地发现自己的宝贝女儿不仅学会了洗衣服、叠被子、梳头，还学会了做饭。据孩子爸爸描述，有一次他下班回到家里时，女儿竟然做好了饭。看着满脸汗水的女儿，孩子爸爸高兴极了。

正如事例中的孩子一样，孩子们的可塑性其实非常强。如果家长一直都大包大揽，那么孩子成长的空间就会很小，而如果家长能够放开手脚多给孩子一些锻炼的机会，孩子们的能量就会被释放出来。相信我们的孩子，他们从来都不是需要别人过多照顾的弱势群体。

要成为合格的家长，我们必须做到以下几点：

（1）家长必须做到让孩子自己照顾自己。

在日常生活中,孩子自己的事情必须要自己完成,如穿衣、洗衣、叠被、穿鞋、梳头、洗碗，等等，这些是基础，是孩子必须要完成的，家长不可以代劳。

（2）家长必须要求孩子多关心别人，多照顾别人。

很多家长总是觉得孩子小，正是需要家人多关心、呵护的时候。于是，一家人便围着孩子转起来，渐渐地养成了孩子自私、不懂得关心他人的性格。而真正聪明的家长必须要杜绝这种育儿方式，孩子的年龄是小，但是他们也需要学着付出，学着关心他人。这些都需要家长的引导与提醒。

（3）家长需要尊重孩子。

孩子的年纪小，并不意味着他们的能力就弱。相信很多家长都有这种体会，在某些方面，孩子竟然比自己做得都好得多。孩子的能力是巨大的。作为家长，我们要相信孩子，给予孩子应有的尊重，相信他们能够做好。

总而言之，作为家长，不要太低估孩子的能力。要相信我们的孩子，放开双手，让孩子尽情地释放潜能。教育孩子，不一定是管得越多，回报就越多。更多的时候家长要相信孩子，给孩子独立处理事情的空间，这样他们也许会飞得更高。

让孩子养成独自入睡的好习惯

还记得航航刚刚出生时的情景，皱巴巴、黑乎乎的一个小东西一时间让航航妈适应不了。航航从小就跟着航航妈睡，虽然分盖两条被子，但依然未影响母子之间“起腻”。后来听专家说，孩子最好在两岁到四岁这段时间里养成独自入睡的好习惯，航航妈决定和孩子分房睡。

最初，航航非常害怕，不让妈妈关灯。航航爸有些不忍心，责备航航妈太狠心了，“航航才 4 岁，自己睡有点太早了，别把孩子吓病了。”航航妈没有采纳航航爸的意见，她对航航说：“宝贝，你要上中班了，是个大孩子了，是个勇敢的小男子汉了，应该可以自己睡觉了。”在航航妈的鼓励之下，航航也蠢蠢欲动，决定尝试着自己睡。为了能够减少孩子的恐惧心理，最初航航妈总是亮着客厅的灯，把航航卧室里的门敞开着，还时不时地和儿子说两句话。就这样，航航渐渐地开始独自睡觉了。

一天、两天、三天、十天、一个月……航航成功了，他已经适应了独自入睡。很快，航航妈就发现，自从儿子开始独自入睡以来有了很大的变化，再也不像以前那样事事需要家长的帮助了，孩子成长得很快，自己的很多事情都能做得很好了。看着儿子独自在卫生间里刷牙、洗脸、洗脚，独自上床，盖上被子，这个过程完全不需要她再帮忙，航航妈觉得非常欣慰，自己的孩子终于在4岁时独自入睡了，她仿佛看到儿子真的长成一个小男子汉了。

事例中的航航妈做得非常好，既能细心地呵护孩子的心灵，又能科学地磨炼孩子。孩子大一点就应该让孩子独自入睡，独自入睡有很多好处，作为一名合格的家长，我们应该对此有所了解：

（1）孩子在适龄时期独自入睡，有助于培养孩子的独立意识和自理能力，有助于孩子的成长。

（2）孩子在适龄时期独自入睡，有助于孩子的身心健康。孩子和家长挤在一张床上，首先在空间上非常拥挤，室内空气质量不良，导致睡眠质量不好，容易接触到更多的细菌。因此，为孩子提供一个独立的空间，有利于孩子的身心健康。

（3）孩子在适龄时期独自入睡，对家长而言也有很多好处。家长在白天的时候已经工作了一整天，晚上需要好好休息及放松。舒适的睡眠环境是家长休息好的保证。

既然独立入睡有这么多好处，那么爸爸妈妈应怎样让孩子养成独立入睡的好习惯呢？

这需要一些技巧，同时，家长也不要急于求成，马上给孩子一个独立的房间让孩子入睡。让孩子习惯独立入睡，这需要结合孩子的情况慢慢过渡。

（1）告诉孩子，大孩子都会独自入睡。独自入睡的孩子会变得更优秀。

刚开始要求孩子独自入睡时，孩子可能不太理解，会认为爸爸妈妈是不是不爱自己了。因此，父母应和孩子解释清楚，独自入睡是长大的标志，每一个优秀的小朋友都需要经历，是非常正常的一件事情。

（2）参观其他小朋友的卧室。

带领孩子参观一下其他小朋友的卧室，让孩子明白原来很多小朋友都是独自睡觉的。他会觉得自己和其他小朋友一样，也应该独自入睡。

（3）安静、舒适、温馨的环境有助于孩子的睡眠。

为孩子提供一个安静、舒适的环境，让孩子喜欢自己的卧室、喜欢自己的小床，从心里愿意独自入睡。例如，在孩子的床上放一些平日里孩子喜欢的玩具，将房间染成孩子喜欢的颜色，将房间设计成孩子感兴趣的格局，等等，都能引发孩子的好奇心，从而更加利于其独自入睡。

（4）做好睡前准备。

睡前准备这个环节的完成可以由孩子来独立完成，如刷牙、洗脸、洗脚、上厕所，等等。做完睡前准备，安安静静地躺在床上，放一些舒缓的音乐，或是让孩子自己选择一些书籍、故事助眠。

家长们需要在孩子适龄时期给孩子一个独立的空间，让孩子独自入睡，耐心鼓励孩子、引导孩子，让孩子在父母科学、理智的爱中健康、快乐地成长。孩子是一个个美丽、可爱的小天使，作为家长，我们应该充分运用自己的智慧为孩子提供最好的教育及引导。

独立性引导：自己的事情自己做

在现实生活中，很多孩子特别依赖父母，无论什么事情都需要父母帮忙处理，这样的孩子独立性非常差。导致孩子独立性差的根源在于家长。孩子不是天生就依赖性强的，而是在后天的实践中逐渐习惯的。家长总是一味地代替孩子做事情，孩子的问题全部由家长处理，渐渐地便会养成孩子依赖的性格。想要引导孩子独立、自立其实很简单，那就是让孩子自己的事情自己做。

阳阳是一个非常聪明的孩子，9 月就要进入幼儿园的中班了。这一天，老师打来电话说阳阳的自理能力很差，希望家长能够改进一下教育孩子的方式。为了能够更好地教育孩子，阳阳妈妈决定和老师认真沟通一下。

老师说："孩子非常伶俐，很多事情只教一遍便学会了，只是生活上的自理能力很弱，问题应该出在家庭教育上。"阳阳妈妈回想一下，觉得老师说得很对，平日里家人对阳阳的照顾太多了，很多事情都会帮助孩子处理。现在孩子已经4岁了，依然不会自己穿衣服、自己吃饭、自己洗漱，看来的确需要改进一下教育孩子的方式了。

为了及时进行亡羊补牢，当阳阳不小心摔倒时，妈妈不再紧张地跑过去扶起他；当阳阳喊着要妈妈喂饭时，妈妈只是将勺子递给他，并鼓励他自己吃饭；睡觉前，妈妈不再帮着阳阳洗漱了，而是催着孩子独自去洗漱。尽管一开始时阳阳很不情愿，但是在妈妈的坚持和鼓励下，渐渐地孩子能够独立洗漱、独立穿衣、独立叠被子了。看着聪明能干的阳阳，妈妈会心地笑了。

正如事例中的阳阳妈妈，家庭教育的目的是让孩子成为一个优秀的人。一个优秀的孩子必须要学会独立，不能依赖他人。因此，父母一定要避免过度照顾孩子，应让孩子学会自己处理事情，这才是真正为孩子着想。

那么，作为家长应该怎么引导孩子做到自己的事情自己做呢？这就要求家长必须做到：

（1）凡是孩子自己能做的事情必须让孩子自己做。

事情就是如此，只要家长们耐心引导、放开双手，孩子们的潜力就会被释放出来。事实上，很多时候孩子们自己也有意识要独立。当孩子们对家长说"我大了，不用领着了""我自己能穿了，不要帮忙""妈妈你别说了，我知道怎么做"等等类似这样的语言时，说明孩子们真的已经有能力处理自己的事情了。这时，家长一定要放开双手，不要再继续包办了，因为孩子们已经开始自觉地学习独立生活了。

（2）分配一些简单的家务事，让孩子独立完成。

对于大部分孩子而言，缺乏的不是疼爱，而是成长的空间。想

要培养孩子的独立性，有时需要家长的狠心精神。让孩子干点活儿，不要把孩子当成温室中的花朵，经不起风吹雨打。例如，每天要求孩子扫一遍地；要求孩子把桌子擦干净；每天要求孩子洗一只碗，渐渐地随着孩子的成长增量，等等。这些简单的家务活儿孩子完全有能力完成，同时也锻炼了孩子的动手能力，对培养孩子的独立性非常有效。

按理说，孩子作为家庭的一员，尽管年龄还小，但是也有一定的责任。作为合格的家长，我们要让孩子承担起自己的责任来，不要把孩子的责任背在自己身上，我们不可能替孩子背一辈子，所以，让孩子独立，学会基本的生存技能才是对孩子最好的爱。

（3）多鼓励孩子，少指责孩子。

刚开始时，孩子们做事情肯定是笨手笨脚的，作为家长，我们要对孩子多一些耐心，要多鼓励孩子，允许孩子犯错误；不要看到孩子做错了就急了，暴跳如雷地指责孩子，而要慢慢教孩子、引导孩子，这样才能激发孩子独立处理事情的热情。

任何孩子都不是完美的，家长的责任就是慢慢引导孩子学会生活。因此，作为家长，我们既不能任由情感泛滥，盲目地大包大揽，剥夺孩子自己动手的机会，也不能拔苗助长，不允许孩子犯任何错误。我们要给孩子做事情的机会，允许孩子在实践中慢慢成长。这样一来，孩子们一定会成长为优秀的人。

如何教孩子进行自我管理

著名学府哈佛流传着这样一则校训：“除非你能管理‘自我’，否则你不能管理任何人或任何东西。”自我管理是家庭教育的重中之重，对于孩子来说，进行自我管理非常重要。

随着现代生活水平的提高，越来越多的家长希望将孩子送出国门，到异国他乡接受教育。这对孩子的自我管理能力要求更高了。孩子们的年龄小，社会经验不足，自我管理能力很弱，需要家长及时、准确地进行引导，以帮助其建立起强大的自我管理能力。建立起强大的自我管理能力需要从以下几个方面着手：

（1）自己的生活自己打理。

这需要家长们从小训练孩子自己的事情自己做，从吃饭、穿衣、洗脸、洗手到上学、采购必需品。千万不要小瞧这个基本环节，很多优秀的孩子最终都毁在了这一环节上。电视上、报纸上、网络平台上时不时地报道过类似这样的消息——某某孩子以优异的成绩考入了某某重点大学，却因无法自己照顾自己而被迫退学。十几年的寒窗苦读终于有了回报，但最终却毁于最简单的生活细节中，多么令人惋惜，又多么值得家长们反省呀。

管理好自己的第一步就是能够照顾好自己，连自己都照顾不好的孩子是不会有好的未来的。

（2）遇事冷静、有主见，能够进行自我保护。

肖鹏今年四年级了，是个非常聪明的孩子。刚刚搬到新家里时，他就结识了很多新邻居。每天上学在电梯里遇到邻居们就会很有礼貌地打招呼，大家都非常喜欢他。尽管孩子很有礼貌，待人很热情，但是却并不缺乏防范心理。这一天，一位年轻的叔叔问道：“你家新搬过来的，平时不怎么见到你的父母，他们是不是总不在家呀？”这位邻居漫不经心的一句话，肖鹏却回答得滴水不漏。“没有，他们经常回来，平时我的爷爷奶奶也经常来。”肖鹏的这句话无疑是在告诉这位陌生人，我家里经常有大人在家。

这个年仅十岁的孩子显然已经具备了自我保护的能力。孩子的谨慎和智慧离不开家长的教育与引导。作为家长，我们需要教会孩子必要的

自我保护知识，让孩子在与外界的接触过程中有效地降低危险。

（3）合理调节情绪，保持愉快心情。

冉冉生病了，原本就脾气不好的她这会儿更是看谁都来气。“啪！”冉冉打碎了药碗。“我不喝药，不喝，不要再端过来了……”说着，冉冉一屁股便坐到地上大哭起来。冉冉从小脾气就大，哭起来会不停，严重的时候能哭上好几个小时。就这样，原本不是什么太严重的病，搞得全家人都郁郁寡欢的。看着不争气的冉冉，奶奶、妈妈气得掉下了眼泪，爷爷、爸爸急得直想冲上去揍孩子一顿。

生活本来就充满着各种各样的困难和问题，一个具有良好自我管理能力的孩子在遇到问题及困难时不会大闹情绪，因为他们很清楚，这样做只会加重解决问题的难度，而若是冷静下来，保持积极乐观的心态去思考，一切难题都会迎刃而解的。人生很短暂，痛苦也是一天，快乐也是一天，成功者是不会把大好时光浪费在闹情绪上面的，那样没有任何意义呀。

（4）做事有计划，合理安排时间，劳逸结合。

做事情有计划，合理安排时间，能够大大提高效率。胡子眉毛一把抓的做事习惯不仅不能保证效率，也非常容易出错。一个具有良好自我管理能力的孩子一定是做事有计划、有安排的效率达人。

（5）有理想、有目标，并懂得为理想而奋斗。

理想是人生奋斗的方向。研究表明，有明确目标的孩子更清楚自己想要的是什么，能更有针对性地进行抉择，他们比同龄的孩子显得更加成熟、更加优秀。

（6）关心身边的人，有良好的人际关系。

处理人际关系是每个孩子时刻都需要面对的。良好的人际关系直接影响着孩子的学习、生活。因此，一个能够进行自我管理的孩子必须懂得关心他人、知进退、懂道理，能够理智地处理好自己的人际关系。

（7）有原则、有道德、遵纪守法。

当然了，遵纪守法是一个人在社会上正常生存的底线。一个能够管理好自己的孩子最起码应是一个有道德、有底线、遵纪守法的好公民。

现在社会上有越来越多的父母开始关注孩子自我管理能力的培养，这是一个好现象。然而，帮助孩子培养一些好习惯不是一朝一夕的事情，需要家长们和孩子们共同努力。愿孩子们能够早日成为具有强大自我管理能力的小战士。

你的孩子能独立照顾好自己吗

“家”是每个人心中避风的港湾，没有任何地方能够代替“家”在一个人心里的位置。就孩子而言，他们终有一天会长大，会离开父母的家，步入社会，组建他们自己的家庭。在这个过程中，家长需要训练孩子、引导孩子、培养孩子，在孩子步入社会之前让孩子学会照顾自己。一个连自己都照顾不了的孩子，步入社会之后，他能做什么，会做什么，能够好好生存么？这样的孩子在社会上生存都成问题，就更别提组建一个幸福的家庭了。对此，家长应该认真思索。古人云：“父母之爱子必为之计深远。”这是醒世良言呀！

叶婷是个好孩子，从小学到中学成绩一直名列前茅，是父母的骄傲、老师的得意门生、同龄人学习的榜样，她最终以优异的成绩考入了重点大学。而这样一个完美、优秀的好孩子，却是生活上的低能儿。在婷婷小的时候，父母就希望孩子将来能够出人头地，为了达成这个愿望，婷婷的父母从来都不让孩子做除了学习以外的事情，小到穿衣吃饭，大到人生选择，婷婷的父母简直都是全权代替。而已经十几岁的婷婷竟然从来没有自己买过一件衣服、自己动手叠过一床被子。这个超级学霸，真可谓是过着“衣来伸手，饭来张口”的幸福生活。

这样的孩子，在父母身边觉不出有什么不便，而一旦离开家庭、离开父母，她的生活便一定会出现问题的。果然，当婷婷离开家去外地上大学时，问题就出现了。她不会叠被子，不会自己买衣服，甚至去食堂吃饭她都觉得非常困难。她的生活完全混乱了。婷婷不知所措，她想家，想回到父母的身边，这样的日子她觉得一天都过不下去了。最后，学校经过综合考虑，同意了婷婷的休学申请。经此一“役”，回到父母身边的婷婷便再也不想离开父母一步了。

一年之后，当婷婷收到学校的入学通知时，她的精神一下子便崩溃了，其是被这张入学通知吓崩溃了。看着满口胡话、高烧不退的孩子，父母这才意识到了问题的严重性。然而，已经太晚了，婷婷最终被诊断为患了恐惧症——精神病的一种。好端端的孩子就这样毁了。

事例中的婷婷的结局令人惋惜。在惋惜之余，家长们还需要引以为戒。婷婷的悲剧源于父母错误的教育。作为父母，他们不仅仅是失败的，更是有罪的。没有一个孩子在出生时就被断言是低能的，是不能照顾好自己的。那么，最终导致十几岁的大孩子不能很好地照顾自己的原因是什么呢？是后天的习惯！是家长帮孩子养成的不良习惯！

婷婷的父母为了不影响孩子的学习，人为阻断了婷婷在其他方面的实践机会，最终培养出了一个只会学习的孩子。这种教育是成功的么，我们培养孩子的目的到底是什么？是一张高分的成绩单，还是综合能力强的孩子？答案是什么，相信每位家长都很清楚。那么，在实际生活中，我们有没有实施一些南辕北辙、与教育目的恰恰相反的错误的教育方法呢？通过下面几个问题测试一下，你的孩子能不能独立照顾好自己：

（1）四岁以上的小孩子能不能独立穿衣、独立上厕所、独立洗漱、独立吃饭？

（2）十岁以上的孩子能不能自己去购物、买衣服、理发？

（3）孩子会不会根据天气状况，合理添加衣物？如果孩子稍小一些，他会不会向家长讲出冷热的感觉？

（4）孩子能不能独立处理好人际关系？

（5）孩子懂不懂得照顾他人？

（6）孩子能不能妥善安排自己的时间？

（7）孩子有没有自我保护的意识？

（8）当危险降临时，孩子懂不懂得想办法？

……

这些是孩子步入社会需要面对的，在孩子离开家之前，作为家长，有责任让孩子学会独立照顾自己。从穿衣吃饭起，在生活的点点滴滴中训练孩子、培养孩子，让孩子摆脱对家长的依赖，成为一个独立性强、自理性强的好孩子。要知道，没有哪位父母能够照顾孩子一辈子。这是孩子步入成功人生的第一步。

父母怎样应对孩子的极度依赖

孩子对父母的依赖心理是与生俱来的。从牙牙学语开始，孩子与父母之间就已经建立起了深厚的依赖关系：当孩子感到恐惧时，会立刻飞奔到父母的怀里——他们觉得安全了；当孩子受到伤害时，会立刻飞奔到父母的怀里——他们得到了安慰；当孩子感觉累了，会立刻飞奔到父母的怀里——他们得到了最好的照顾……其实，在幼儿时期，这种所谓的依赖是合情合理的，因为孩子小，需要家长的呵护才能健康地成长。可是随着孩子的长大，他们的世界也开始渐渐变大，这种依赖关系就需要逐渐减少，他们应该独立了——独自去面对人生。

靓靓的妈妈由于身体的原因，很晚才生下靓靓。中年得子的靓靓妈

和靓靓爸对孩子真可谓是“含在嘴里怕化了，捧在手里怕碎了”。

靓靓五岁多的时候，就已经长得人高马大，比同龄人高出了整整一头，壮实极了。可就是这样，靓靓的父母还担心孩子受欺负、受伤害。例如，孩子去公共场所玩滑梯时，只见靓靓的父母一副如临大敌的架势，一人一边扶着孩子一步一步地走上去，坐下来；然后，爸爸赶忙跑到滑梯的底端，张开双手，准备接应孩子。就这样，一个简简单单的滑梯游戏，孩子没有玩出一点点的汗，爸爸妈妈却已汗流浃背了。

就这样，在父母的严密呵护下，靓靓到了上小学的年龄。第一天送孩子上学，简直是一场催人泪下的骨肉分离剧。靓靓双手紧紧拽着爸妈的手，哭得鼻涕一把、眼泪一把的。这边靓靓的父母也是满脸泪水，迟迟不忍离去。最后，老师实在是没有办法了，只能以“马上要上课了，不要影响学校的正常秩序”的名义请他们迅速离开学校。

靓靓的父母离开了，可是靓靓却不能安静下来。他哭着闹着要找爸爸妈妈，说什么也不在教室里待着。老师们使出了浑身解数，又是糖果，又是开导，怎么说都不行。勉勉强强坚持到了下课，靓靓一个箭步就跑到学校大门口，看门大爷不让他出去，他就坐在那里等爸爸妈妈。九月的天气虽然已不似夏日那么炎热，但火毒的太阳还是照得人们大汗淋漓。靓靓一动不动地坐在地上等着妈妈，老师没有办法，只好把靓靓的妈妈叫回来了。

事例中的靓靓对家长的依赖性太强了，面对这种情况，家长必须要采取果断措施了，不然会直接影响到孩子的正常生活。过强的依赖心理会让孩子失去独立生活的能力，形成自卑、懦弱的性格。因此，家长必须注意，应及时纠正孩子的依赖性行为。面对依赖性极强的孩子，家长们不妨试试以下方法：

（1）了解清楚孩子依赖的对象，尽可能地减少孩子与依赖对象之间的接触。

（2）扩大孩子接触、交往的范围，让孩子有机会结交更多的朋友。

（3）多给孩子制造一些独处的机会。例如，让孩子独自去购物，独自学习，独自睡觉，独自出去散步，独自上学，等等。循序渐进，一点一点地让孩子适应独处。

（4）培养孩子的自信心。依赖性强的孩子，自信心不足，总是认为自己不行，需要自己信赖的人在身边才会安心。对此，作为家长，不要过多地指责孩子，应该鼓励孩子，查找影响孩子自信心的根源，彻底修正，帮助孩子建立起强大的自信心来。

摆脱依赖心理不是一件容易的事情，对于孩子而言，就如春蚕破蛹，需要经过一番周折。这个时期，家长们一定要坚持立场，多一些耐心，从小事做起。

著名教育家陶行知先生说："流自己的汗，吃自己的饭，自己的事情自己干，靠天靠人靠祖上，不算是好汉。"父母带孩子来到世界上，给予他们生命，同时也要教会他们独立生存的能力。只有摆脱了对父母的依赖，孩子的独立能力才能得到提升，才能释放自身的潜能，塑造完美的人生。

引导孩子学会自己做决定

很多父母会这样教育孩子："乖乖的，要听妈妈的话。""到了幼儿园要听老师的话。""你这孩子怎么这么不听话，太不像话了。"在这些家长看来，似乎唯有"听话的孩子"才会有出息，那些不听话的孩子将来肯定没有作为。而让其做一个听话的好孩子真的对孩子好么?

杨明是一个好孩子，从小妈妈就教育他要听大人的话。按照妈妈的要求，杨明一直都很听话。这一天，杨明妈妈却意外地接到了学校

老师的电话，要求她来学校一趟，就杨明的一些问题共同协商一下。放下电话的妈妈，一路飞奔，边走边嘀咕："孩子犯什么错了？一直很听话呀，没让我操过什么心呀。"见到老师，简单寒暄了一下，老师直截了当地说道："杨明妈妈，通过这段时间的观察和了解，我发现这个孩子太听话了，做事情没有自己的思想，这样下去对孩子今后的发展可是非常不利呀。"

"啊，老师呀，孩子听话不是好事情吗？"杨明妈妈一脸惊讶。

"是的，很多家长都是这样认为的，也一直告诉孩子要听大人的话。但是，太听话了不也就没有自己的主意了吗？"老师一边说一边拉着杨明妈妈坐下来，"家长你看，今天我给孩子上了一节课，问孩子们都有什么理想。有的孩子说想当警察，有的孩子说想当科学家，有的说想当电影明星。而当我问道杨明时，这孩子的回答让我觉得不得不和你谈一谈了。"

"杨明是怎么说的？"杨明妈妈问道。

"他说：'老师，我需要回家问问我妈妈才能回答你。'"

"什么？"听到儿子的答案之后，杨明妈妈也有些吃惊。

老师接着说道："孩子听话固然是好事情，但是我们家长一定要让孩子有自己做主的权利，不能事事都听从他人的安排，不然等到孩子长大以后会缺乏自主性的。"

事例中，杨明妈妈的教育方式是现代社会的普遍现象。很多家长从孩子小时候起就不断地替孩子做决定，用他们的话说："我们这都是为了你好，想让你少走一些弯路，你这么小懂什么呀。"看上去非常冠冕堂皇的理由，实则根本就站不住脚跟。的确，这些家长的初衷都是为了孩子好，可是这种做法却实实在在地伤害着孩子。孩子们总有一天会离开父母的怀抱，独立生活的，人生有很多的选择和问题都需要孩子自己做决定，而我们的孩子却没有做决定的能力与勇气。这时候，我们的孩子应该怎么办呢?

孩子不是家长手中的小木偶，他们是独立的个体，他们有自己的思想和喜好，面对各种问题时，他们有权利自己做出决定，家长不能将自己的想法和喜好强行加到孩子身上。作为一名合格的家长，我们需要引导孩子独立做决定，让孩子有自主抉择的权利，让他们按照自己的思想选择人生的道路。在这个过程中，要求家长做到以下两点:

（1）不要再继续给孩子灌输“听话”的思想了

孩子有自己的思想。对于家长提出的意见，他们认为是对的，可以接受、采纳；他们认为不对的，与自己的意愿相左的，他们有权力自己做出决定。家长需要尊重孩子的决定。

（2）平日里家长要多多征求孩子的意见，对孩子的意见给予足够的重视。

常常会听到家长这样教训孩子:“一边去，小小年纪懂什么！”其实，类似这样的语句不应对孩子说，这不仅是不尊重孩子的表现，还会深深地伤害孩子的自尊心。在一些事情上多征求孩子的意见，有助于孩子自主性的培养。

综上所述，家长们要放开手脚，给孩子自己做决定的空间，让孩子自己选择，这是孩子成才的必经之路。孩子是一个独立的个体，他们有自己做主的权利，作为家长，必须要尊重孩子，帮孩子养成自主做决定的能力及习惯。

父母放手，孩子才能真正长大

“实践出真知”，这样一句耳熟能详的话很多家长却忘记了。在育儿的过程中，他们大包大揽，剥夺了孩子们的实践机会，让孩子成为了名副其实的小木偶、低能儿。很多孩子甚至到了结婚的年龄还不能“断奶”，

事事依赖父母，永远像个长不大的孩子。

图图今年4岁了，从小由姥姥抚养。隔代亲，说得一点都没错儿。姥姥对图图的疼爱简直到了无比复加的地步。无论图图妈妈怎么强调，老人就是忍不住要娇惯孩子，总是像照顾小婴儿一样照顾着已经4岁、有很强动手能力的图图。

早上，图图姥姥做好饭之后，将图图从睡梦中喊醒。图图连手都不用抬，姥姥就把衣服帮他穿好了，接着直接抱到卫生间洗漱，然后抱到餐桌前，一勺一勺地喂给图图吃。这个过程，图图只需要做两个动作：张嘴、闭嘴。多么“敬业”的姥姥啊！。

可时间一长，图图妈妈看出了问题，她坚决要求图图自己动手做自己的事情，如吃饭自己吃、穿衣自己穿、洗脸自己洗。在图图妈妈的监督之下，小图图只好不情愿地自己动起了手。孩子刚刚尝试着自己动手，很多事情都做不好，笨手笨脚的。有的时候，妈妈着急了，想伸手帮助他一下。图图就像是触了电一样，立即放开正在做事的小手，静静地等待着妈妈帮助自己。图图的这个习惯性举动一下子唤醒了妈妈，图图妈妈立即打消了帮助图图的想法。她很清楚，根据图图的现况，她必须果断采取行动，让孩子自己动手。

事例中的图图姥姥对孩子过分溺爱，剥夺了孩子自己动手的锻炼机会，导致了图图过分依赖家人，习惯了“衣来伸手，饭来张口”的生活，不愿意自己动手。作为家长，在教育孩子的过程中大包大揽会严重影响孩子的成长速度。所谓“实践出真知”，我们需要给孩子一定的空间，让孩子在实践中得到锻炼。

“授之以鱼不如授之以渔。”做一名“放开手”的家长，孩子才能长大，才能拥有独立性，才能在离开家长之后健康、快乐地生活。家长为孩子做再多的事情，也不如帮助孩子养成良好的生活习惯。他人再细心、再全面的照顾都不如孩子自己拥有照顾自己的能力。

那么，怎样才能做一名“放开手”的家长呢?

第一，生活中能让孩子自己做的事情就让孩子自己做。

养育孩子并不一定要将大把的时间与精力都花费在孩子的身上。事实上，在孩子3岁以后，家长们就可以逐渐放手，将时间和精力转移了，把孩子看成一个大孩子——一个可以自己照顾自己的大孩子。这样一来，孩子才能得到更多的锻炼机会，才能更好地成长。

第二，多带孩子出去走走，让孩子多接触外界。

很多家长总是担心孩子会受到伤害，对孩子接触外界的机会严格把控。这样的行为的确降低了孩子受伤的机会，但是却不利于孩子的健康成长。小孩子摔一下、碰一下都很正常，家长不要过分紧张，更不能因此将孩子关在家中。让孩子多接触外界，不仅有利于孩子的健康，对孩子的社交能力、自主性、理解力等也都有好处。因此，家长一定要放开手，不应过度保护孩子，要让孩子尽可能多地接触外界。

第三，鼓励孩子去幼儿园。

现在很多家长认为孩子在幼儿园里也学不到什么东西，孩子一多反倒容易生病，因此会有意减少孩子去幼儿园的机会。的确，孩子去幼儿园了，由于孩子较多，各种疾病容易交叉传染，孩子生病的可能性会加大。但是，家长不能因此而消极看待孩子上幼儿园这件事情。对于孩子而言，幼儿园是一个难得的公共场所、集体家庭，在这里，孩子除了学习知识、锻炼独立性之外，还可以与同龄人沟通，锻炼孩子社交与自主选择的能力，对孩子的成长非常有利。

而针对家长们担心的“孩子得不到很好的照顾”“孩子会生病”“孩子会哭”等问题，需要家长与幼儿园老师一起协同合作，从孩子自身抓起，让孩子依靠自己的能力去解决它们。

只有家长放开手，孩子们才能独立长大。不要让孩子成为温室中的花朵，这样的孩子是经不起风吹雨打的。不管你的孩子多么幼小、处于什么年纪，终有一天他们会慢慢脱离父母，成长为一个独立的个体。给孩子最深沉的爱不是毫无原则地为他们遮风挡雨，而是帮助他们慢慢学会独立成长。

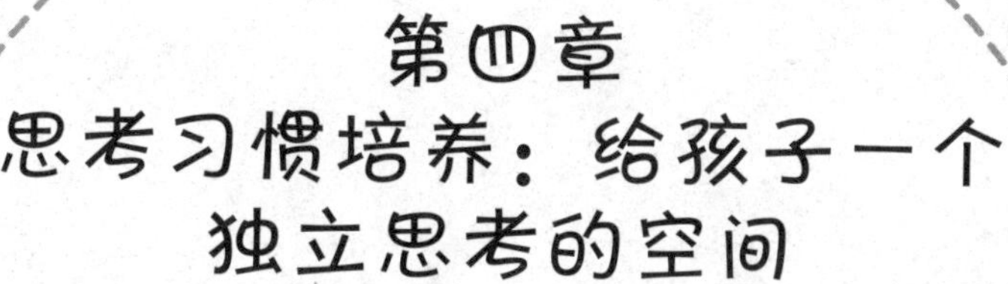

第四章

思考习惯培养：给孩子一个独立思考的空间

生活中处处都有缺乏主见的人，他们没有自己的想法，凡事都是人云亦云。如果你不希望自己的孩子成为一个思想缺乏独立与深度的人，那么，从现在开始就培养孩子独立思考的好习惯吧！

请不要直接给孩子答案

“妈妈，如果那个小朋友还动手推我怎么办？”

“妈妈，如何才能提高人际交往的能力？”

“妈妈，我长大了要学什么专业，考哪所大学呢？”

“可是妈妈，如果他一直不向我道歉，我应该生他的气么？”

……孩子们的问题可真多呀，没完没了的。面都孩子的提问，聪明的家长该怎么办呢？

阳阳上幼儿园已经一年多了。在这一年多时间里，阳阳有了很大进步。尽管孩子一天天地长大，可是阳阳妈妈却依然不放心，每天孩子放学回到家里，总是想方设法地了解孩子在幼儿园里所遇到的事情。

“妈妈，我的裤子湿了，不是我尿裤子了，而是老师刚刚擦完地，地面还很湿时，我们班里的陈思远推了我，我一下子就摔倒在地上，结果就把裤子弄湿了。”阳阳一见到妈妈小嘴巴就开始唠叨个不停。

“然后呢，你怎么办的？”妈妈问道。

“老师批评了他，可是我还是很生气，因为他没有对我说对不起。”看着阳阳一本正经的样子，妈妈有些想笑。

“妈妈，如果明天那个小朋友还推我该怎么办？”阳阳有些担心。

“他推你，你就推他，不怕他。”还没等阳阳妈妈说话，阳阳姥姥就急着回答，她可是从小将阳阳一把屎一把尿带大的，最见不得自己的外孙子被人欺负。有一次，阳阳姥姥带着阳阳去游乐园玩耍。为了保持园里的卫生，孩子们可以直接进园，家长则需要在栅栏外面的等候区等候。

不一会儿，只见阳阳和另一个小朋友因为玩具吵了起来。那名小朋友一着急打了阳阳一下，这可急坏了栅栏外面的阳阳姥姥。阳阳姥姥顾上什么规矩不规矩的，一个健步，干净利索地跳过栅栏，冲到了阳阳的身边，惊得游乐园里的工作人员目瞪口呆，这位70多岁、满头白发的老太太刚刚做了什么，是跳过了80公分高的栅栏么？从那儿以后，整个游乐园的工作人员都认识了阳阳姥姥。每一次，见到她带着阳阳来游玩，都开玩笑地说道："老太太，我们一定好好照顾您孙子，您可别再一着急就跳墙啦。"搞得阳阳姥姥也有些不好意思。

"可是，我打不过他怎么办？"阳阳接着问道。

"那打不过，就……"姥姥立即答道。

"妈，"阳阳妈妈有些埋怨地打断了阳阳姥姥的话，"不要告诉他怎么办了，孩子大了，让他自己学着处理吧，咱们不要管了。"

事例中的姥姥代表着一大部分家长。当孩子遇到问题时，他们总是以爱孩子的名义直接给出解决的方案，使得孩子根本就不用独立思考，直接照做就可以了。这样的教育方式非常不好，不利于孩子独立思考习惯的养成。而明智的家长是不会替孩子解决任何问题的，因为他们非常清楚，未来的生活需要孩子独自面对，因此，应从小就注意培养孩子独立思考问题的能力，留给孩子足够的思考空间。

独立思考的能力对孩子一生的发展都非常重要。它可以帮助孩子应对生活中的各种困难，适应陌生的环境，独立解决各种问题。因此，家长朋友们一定要注意培养孩子独立思考问题的能力，不要事事都直接给孩子答案。

（1）当孩子提出问题、寻求帮助时，家长们应鼓励孩子们自己解决。在孩子独立解决问题的过程中，孩子们的思考能力、动手能力、交往能力、心胸等都会得到锻炼。事实上，孩子们就是在这样一个个实践中不断磨练自己的。因此，家长不要总是过度担心，而要放手让孩子去做，孩子只有独立经历了风雨才能茁壮成长。

（2）面对孩子的提问，家长们不妨反问回去，把问题甩给孩子。孩

子对父母的依赖性从出生那一刻便产生了，因而在遇到问题和困难时向父母求助也是合情合理的。但是，为了孩子们的未来，父母不得不让孩子自己学会飞翔。因此，当孩子们向父母提出问题时，父母们不妨反问回去，把问题再甩给孩子，用这种方式引导孩子慢慢学会独立思考。

（3）当孩子的问题确实超过了其能力范围，需要家长提供一些帮助时，家长们同样不应直接给出答案，要循序渐进、环环相扣，慢慢引导孩子自己找到解决的方法。时时刻刻都要让孩子记得：必须通过自己的智慧解决问题。

多反问，让孩子学会主动思考

一个优秀的孩子，获取足够的知识固然重要，但是综合能力的提升也同样重要。独立思考，不仅可以帮助孩子更多地获取知识、技能，同时还能大大提高孩子的综合能力，让孩子在纷乱的大社会中稳稳立足，成为一名自食其力、在能力和人格上获得双 A 的社会精英。

“妈妈，明天是我们班同学小丽的生日，我们几个同学商量了一下，去她家里玩。可是我穿哪件衣服好呢？”宁宁问妈妈。

“是这样呀，你的衣服很多，妈妈都有些记不住了，你自己是怎么考虑的？”宁宁妈妈反问道。

“我觉得那条绿色的裙子很漂亮，我想穿上它一定很好看。”宁宁一边说一边思考着。

“不错，那条浅绿色的裙子有点小礼服的感觉，你穿上它简直像个小公主。那你看需不需要扎一条丝巾呢？”宁宁妈妈又问道。

宁宁听到这里，转动着小眼睛，幻想着自己穿上浅绿色的裙子，再扎上一条白色的丝巾，应该会很漂亮。可她有些犹豫是搭配那条白色的丝巾好看，还是搭配那条绿色格子丝巾好看呢？为了解决这个棘手的问题，宁宁决定实际穿上试一下。

经过一番比对，最后宁宁决定穿一条浅绿色的小礼服裙子，搭配那条浅绿色的格子丝巾，这样看上去既干净大方又非常得体。果然，这一身精心搭配让宁宁成为了生日派对上最漂亮的小美女。当大家都忍不住夸奖宁宁妈妈会搭配衣服时，宁宁妈妈自豪地说道："这是我女儿自己搭配的。"

在这个例子中，宁宁妈妈对于孩子提出的任何问题都没有给出答案，一直都在反问孩子。这种反问式的引导方式，重新将孩子的疑问抛给了孩子，从某种意义上讲，这种方式是一种委婉地逼迫孩子独立思考问题的方式，在不知不觉中锻炼了孩子独立思考问题的能力，非常值得提倡。

当然，任何事物都有两面性，这种反问式的引导方式运用好了可以引导孩子养成独立思考问题的能力，可运用不好反而会引起孩子的反感，让孩子认为自己的父母不值得依赖，从而减少与父母之间的沟通。因此，家长需要特别注意以下几点：

（1）认真倾听孩子的疑惑。

家长朋友们不要认为反正也不用真的回答孩子的问题，干脆对孩子的疑惑、倾诉就不再认真地倾听了。这样的想法是错的，反问不是不回答孩子们的提问，而是一种比直接回答更需要技巧的回答方式。这种方式需要家长做到既引导孩子找到解决问题的方法，又要确保方法是孩子通过自己的思考想出来的。如此一来，反倒增加了难度，更需要家长认真倾听孩子的问题，从而快速找出对策来。

（2）提出反问问题时要有一定的技巧。

"妈妈，小朋友都有自己的自行车，我也想要一辆。"孩子对妈妈说道。"你能骑得了吗？"如果这位孩子妈妈直接这样反问回去，对孩子的思考能力的提高没有任何意义。但如果这位妈妈稍稍衔接一

下孩子的问题，这样问道："骑自行车需要有力气而且个子还要高，那你说一下你能骑自行车的理由是什么吗？"这样，孩子就会顺着妈妈抛出来的问题一点点独立思考起来。如此才能起到锻炼孩子独立思考能力的作用。

（3）面对超过孩子能力范围的问题，反问式的引导要带有一定的分析成分。

"妈妈，为什么天上的星星总是跟着我呀？"年幼的孩子问母亲。可是母亲应该怎样回答呢？一本正经地给孩子上一节深奥的宇宙星球课程么？显然不合适，孩子那么小根本就听不懂呀。那怎么办？这样的场景很多家长都遇到过，甚至有的家长为了应付孩子，就会对其说："那是因为星星喜欢你呀。"这样的回答显然不对。面对这样的超难度问题，家长不妨用简单易懂的语言给孩子普及一下常识，尽管孩子可能一时间不会太明白，但是她会思考、会不断探索，时间久了，孩子就会弄清楚真相。

聪明的家长千万不要低估孩子的智商和理解力。很多问题，只要家长们耐心解答，在孩子的大脑里自然会加工出一套他们自己的答案出来。因此，放心大胆地与孩子进行沟通吧，他们会不断地带给我们更多惊喜。

如何培养孩子喜欢思考的好习惯

美国式教育非常推崇孩子独立思考能力的培养。在他们看来，没有独立思考能力的孩子不具备独立性，会成为父母和国家的负担。近年来，国内的家长也越来越重视培养孩子独立思考的能力。尽管越来越多的家长已经意识到思考对孩子的重要性，但是他们不知该如何下手，让孩子喜欢去思考，并通过其自己的思考感受世界。

学校组织了一次野外锻炼的活动，目的是检测与锻炼孩子的思考力，成成和浩浩一起报名参加了。活动一开始，家长和孩子们在一起，这段时间主要是教会孩子必要的生活技能。之后，家长会撤出，全程由孩子们独立完成。

刚离开家长的时候，孩子们的生活受到了严重影响。尽管米面油全部都齐全，可是参加活动的15名孩子之中没有一个会做饭的。看着充足的粮食储备，孩子们的肚子却饿得咕咕直叫。两天过去了，有的孩子开始坚持不住了，他们哭着喊着要退出活动。可是在一片荒无人烟的野外，他们不知道回家的路，也不敢离开团队，除了继续下去外，没有第二条路可以走。

到了第三天，孩子们开始聚在一起商量着如何做饭。经过几个小时的忙碌、尝试，孩子们终于做好了饭。尽管饭菜看起来不是很好吃，甚至还有些生，但是饥肠辘辘的孩子们却吃得很香。至此，越来越多的孩子开始默默地哭泣。此时此刻，他们真的很想家，很想回到爸爸妈妈身边。然后很快，孩子们就开始接受现实，哭泣是没有任何意义的，只有尽快找到目的地，活动才能结束，才能尽早回到家中。可是，除了目的地的特征标志之外，工作人员没有留下任何线索，孩子们不知道该何去何从。

很多时候，千万不要低估孩子的智慧，认为他们年纪小，什么也做不了。其实不然，他们非常聪明，之所以什么也做不了，只是因为环境太优越了，父母的呵护太细致入微了。

目的地是一个荒废了的水利发电站。根据这个线索，孩子们终于开始动脑筋思考了。其中的一个孩子说道："既然是水利发电站，在它的周边肯定会有水。在这片荒野里一定有河流，我们只要找到河流，顺着河流走下去就一定能够到达目的地。"多么准确的分析！孩子们很快便找到了河流，之后，他们沿着河流一直找下去，终于在河流的上游看到

了那所发电站。

在现实生活中，父母们为孩子做得太多太多了，什么问题都替孩子解决，让孩子按照自己的安排一步步走下去。而时间长了，孩子们就会失去思考的能力，变成一群任人摆布的小木偶。这样的孩子，离开了父母，他们又该如何面对自己的人生呢？因此，为了孩子的未来，父母要引导孩子喜欢思考、善于思考。“授之以鱼不如授之以渔”，我们应该把思考的能力留给孩子。

培养孩子喜欢思考的好习惯，可以从以下几个方面入手：

（1）为孩子营造思考的氛围。

孩子虽然年纪小，人生阅历不足，但他们也是一个完整的、独立的个体，他们应该拥有自己的思想、自己的世界。无论孩子的思想多么天真、多么稀奇古怪，家长们也应该留给孩子足够的思考权利。孩子不是成人的附属品，他们是思想独立的个体。

（2）与孩子保持平等的地位。

家长要懂得尊重孩子，不要总是以命令的语气与孩子进行交流，要平等地进行商量。同时，父母还要注意允许孩子提出不同的观点。在交流的过程中，应多采用类似“你觉得怎么样”“你的观点是什么”之类的语言，引导孩子思考问题。

（3）鼓励孩子们思考，不要压制孩子的好奇心。

当孩子们对一件事物产生好奇时，他们会忍不住地问为什么。面对孩子的各种问题和疑惑，家长不要强硬压制，应鼓励孩子发出疑问的声音。带着这种好奇的心理，孩子们会更加喜欢思考的。

家长们，从此时此刻起，不要再一味地抱怨自己的孩子没有思考能力了，孩子的习惯与家长的引导有着直接关系，好好审视一下自身吧，“有则改之无则加勉”，将自己的孩子培养成一个喜爱思考的人吧。

思维游戏：创造性思维能力的培养

创造性思维是一种可贵的探知精神，是开拓新领域的动力源泉。创造性思维的形成过程是：知识的传承，在每个孩子的大脑中形成一个固定思维模式，而后当某些事态触及到这些固定模式时，新的思维便会产生，这就是创造性思维。

创造性思维是孩子们运用已经掌握的知识解决问题的一种积极思维活动。在孩子成长的过程中，创造性思维能力对孩子一生的影响是非常巨大的。如果一个孩子具有创造性思维能力，那么这个孩子可以自己去发现问题、解决问题，创造世界上没有的新事物。人才就是要敢于创新，敢于否定前人，敢于提出问题。

（1）创造性思维是创造卓越的前提。

比尔·盖茨之所以会成为世界巨富，其中一个重要因素就是他的创造性思维，敢走别人没走过的路。在微软工作的人都知道，比尔·盖茨有一个习惯：每年都会跑到华盛顿待上一段时间。在这段时间里，比尔·盖茨会放下手中的工作，思考一下微软的下一步发展规划。同时，在这个时候，任何一个人都可以向比尔·盖茨提一些相关意见。这样的习惯，确保了微软在很长一段时间里一直都走在时代的前列。

事实上，创造性思维是可以训练的。作为家长，不要让孩子养成“听话”的思想习惯，要鼓励孩子按照自己的思维做事情。失败了不可怕，可怕的是从一开始就不敢尝试。

（2）创造性思维打造高超的智慧。

在现实生活中，没有什么一成不变，每个人都是探险者。不同地形，或高或低，或平原或沙漠，很难有一定之规。因此，唯有创造性的思维才能有效培养人们的适应能力，适应不同的环境，创造一个又一个奇迹。

谁有创造性思想，谁就会成为最后的赢家；谁要是墨守成规，谁就会缺乏智慧，庸庸碌碌一生！

由此可见，家长在培养孩子创造性思维能力的时候一定要带领孩子多看、多听、多走，接触更多的外界环境、新事物，让孩子的视野尽可能地广阔。例如，多带孩子出去旅游，可以是有山有水的自然风景，也可以是繁华的大都市，唯有见识多的孩子思路才广，其创造性思维才更强大；而井底之蛙，看到的永远都只有瓶口大的天空。

（3）人人都有创新的权利。

提到创新，很多人将创新与高精端人才联系到一起，认为只有这样的人才才具有创新的能力。这种想法是大错特错的。创造性思维是人人都具有的。农夫们为了田间劳作更有效率，将拖拉机改装成播种机；家庭主妇为了给晾衣杆包裹上塑料薄膜，将薄膜覆盖在晒衣杆上，浇上热水，薄膜便形成了；平凡的电工为了通过管洞穿线，巧妙地利用老鼠……在现实生活中，平凡的人们每天都在进行着各种创新。创新从来都不只是科学家、发明家的事，人人都可以创新，孩子也不例外。

雕塑家罗丹说："真正的艺术大师用自己的眼睛去看别人看过的东西，在别人司空见惯的东西上能够发现出美来"。由此可见，生活中从来都不缺少美丽，缺少的只是发现美丽的眼睛。同理，生活中从来不缺创新的机会，只要人们拥有创造性思维就一定会有创新。因而，可以说人人都是创造家。

孩子们更需要创造性思维。孩子的成功与否，很大程度上取决于其是否具有创造性思维的能力。创造性思维非常独特，也非常重要。邹衡教授曾经说过："为什么有那么多人不能拯救自己，始终陷入到痛苦的挣扎中呢？就是因为他们有健康的身体，却无健康的大脑，没有创造性思考的能力，完全不能根据自身条件和时机寻找一条有创意的道路。"生活中到处都充斥着创新的机会，关键就看人们能不能把握住了。创新并不像想象中那么高难，它们往往存在于日常生活中最普通、最容易被忽视的细节中。

鼓励孩子多动脑筋、多思考

普朗克曾说过：“思考可以构成一座桥，让我们通向新知识。”孩子们常常会有这样的体会，吃饱喝足，身心就会放松，或是一场考试结束了，成绩不错，松了一口气，便会得出结论：成绩终于上去了。这种安于现状、不思进取的思维惰性，会减慢孩子前进与成长的脚步，唯有鼓励孩子多动脑筋、多思考才能加速孩子的成长、成才。

凯凯是个爱思考的孩子，无论走到哪里，其都会对周边的事物产生好奇，陷入到思考之中。例如，凯凯妈妈带着凯凯外出，凯凯总是走走停停，一会儿蹲在路边看蚂蚁，一会儿立在原地看石子，一会儿又拿起一片落叶研究起来。最初，凯凯妈妈遇到这种情况还能耐心地一遍又一遍地呼唤孩子，而到了后来，凯凯妈妈有些不耐烦了。为了能够提高出门办事的效率，凯凯妈妈只要一出门就将凯凯放在推车里推着。这样一来，是前进还是停止就全由凯凯妈妈决定了。

有一次，爸爸妈妈带着凯凯去郊游。到了目的地，凯凯一屁股坐在草地上便半天不动弹。开始妈妈还以为孩子累了，就没有打扰他，后来发现，凯凯正专心地盯着一只蜗牛看。凯凯妈妈有些不高兴，不断地催促凯凯离开，不要在一个地方浪费太多时间。爸爸却阻止了妈妈的催促，走了过去，说道：“凯凯，你在看蜗牛呀。”

“是的，爸爸，蜗牛真的好小，这么小还背着一个比自己大好几倍的硬壳。”凯凯说道。

“是的孩子，你好奇也是对的。事实上，蜗牛的惊人之处不仅仅是这一点。你知道么，蜗牛虽然体积不大，却是世界上牙齿最多的动物。”

凯凯爸爸也参与到了孩子的游戏中。

“真的么？”凯凯显得很激动，“这也太神奇了吧。”说完，凯凯便更加仔细地观察了一下蜗牛。

从此以后，凯凯妈妈便不再催促孩子了。没有了妈妈的催促声，凯凯只要遇到感兴趣的事物，随时都可以停下来思考。凯凯越来越喜欢思考了。

事例充分展示了思考的魔力。任何事物，只要人们用心思考、用心探索，都能增长见识、拓展思路，这是非常有趣的过程。为了锻炼孩子的思考能力，家长们一定要耐心地引导孩子，让孩子喜欢思考、爱动脑筋。

首先，家长应该尊重孩子，以平等的身份看待孩子的世界。

在孩子成长的过程中，难免会遇到各种各样的苦难。而想要度过这些困难，就要求孩子一定要具备思考的能力。因此，培养孩子的思考能力需要与孩子保持平等的地位，尊重孩子，凡事多商量，共同探索未知世界。

其次，以身作则，家长也要爱动脑筋，勤思考。

习惯的养成离不开周边环境的熏陶。相比于孩子，成人的思维模式已经形成，要他们做出改变、跳出思维定势可以说是难上加难。而孩子就不一样了，他们的思维模式还没有形成，想要影响孩子，使孩子形成爱动脑筋、勤思考的好习惯，家长就必须以身作则，遇事多动脑筋、多思考。

最后说明一下，思考习惯的养成并不是一朝一夕的事情。想要坚持下来，需要明白思考的魅力。思考的本质就是自由自在，是一种乐趣。在思考习惯的养成过程中，孩子们能够学会如何创造与克服生活中的困难，从而也能增强孩子的人生阅历。培根曾经说过：“思考是开启人类智慧的钥匙。”孩子们对世界的认识才刚刚开始，不要打消孩子对事物的探索欲。

孩子人云亦云，父母应该怎么办

孩子没有自己的思考能力，总是人云亦云。对此，父母应该怎么办呢？

胆小的毛毛，做事非常没有主见，总是人云亦云。毛毛妈妈为此愁坏了。

这一天，毛毛正和几个小伙伴一起堆沙堡，毛毛想堆一个大馒头。可是还没等毛毛动手，亮亮就阻止了毛毛。亮亮想要堆一个城堡。听了亮亮的要求之后，毛毛立即放弃了原来的想法，按照亮亮的想法堆起了城堡。毛毛就是这样不坚定。

由此可见，在外界的干扰下，一个孩子很容易人云亦云、随大溜，没有自己的思想和观点。针对这种“盲目从众”的孩子，家长需要告诉孩子，他们已经长大了，应有自己的思想和观点，不能别人说什么就是什么。例如，明明的妈妈带着明明去买衣服。在这个过程中，明明试了很多衣服妈妈都觉得不好看。最后，终于买到了一件，尽管明明认为并不怎么适合他。明明之所以选择接受那件衣服，缘于从小对父母言听计从的生活习惯。

原来，明明一路成长过来，人人都夸奖他。因为明明非常听话，家长让做什么就做什么，从来都不会自己思考问题。这次买衣服也是一样，自己喜不喜欢不重要，重要的是大家喜不喜欢。

面对这样“人云亦云”的孩子，家长应该怎么做呢？真的想要改变孩子的这一习惯，让孩子学会独立思考，真正让孩子发出自己的声音，家长应该考虑做到以下几点：

（1）营造民主的家庭氛围。

中国盛产爱做主的父母。在家庭教育中，父母们总是说一不二。

甚至在以前的传统家庭教育中，孩子连自己的婚姻都不能做主，全凭父母之命。在这样的文化背景的熏陶下，孩子们没有足够的自由，思想受到他人摆布，唯命是从，缺少主见，非常容易养成人云亦云的习惯。

作为新时代的家长，我们要与时俱进，摒弃过去那些迂腐、不人道的家庭教育理念，学会尊重孩子，给孩子足够的独立空间。为了培养孩子独立思考的能力，家长们需要营造民主的家庭氛围，做任何事情都要一家人商量，包括与孩子商量，考虑孩子的想法和观念，让孩子同样拥有发表想法的空间。这样的家庭培养出来的孩子思想独立、主观意识强烈，不会人云亦云。

（2）在交流中，放低姿态，平等、主动地与孩子沟通。

沟通是平等的，是双向的。更多的时候，父母在孩子的眼中不是朋友，孩子们或多或少都会有些惧怕自己的父母。面对这样的现实情况，想要让孩子大胆地表达自己的观点还需要父母们放低姿态，尽可能地消除孩子心中的顾虑，主动与孩子进行沟通。父母要根据孩子的行为、心理变化，巧妙地转变沟通的方式方法，想方设法地弄清楚孩子的真实想法，鼓励孩子勇敢表述出来。这个时候，父母需要做的就是让孩子意识到自己可以有自己的思想，父母不会剥夺他们独立思考的权利。

（3）不要试图训练听话的孩子。

孩子太过听话不是什么好事情，说明这个孩子没有自己的思想，凡事都听他人的。教育出这样的孩子，是为人父母的失败。在教育孩子的过程中，很多家长总是从小让孩子要听话，无形中在孩子的潜意识中就形成了这样一种观念——不听话就不是好孩子。渐渐地，孩子的潜意识引导孩子学会听话。小的时候，听父母的话，长大了听别人的话，这样的孩子没有独立的主观思想，处处依赖他人，习惯性地任由他人摆布。其实他们很可怜，不能拥有自己独特的人生。

孩子们要努力做自己生活的主人，不应人云亦云。如果实在无法拒绝别人的请求，也要转化对自己不利的局面。作为父母，要从小培养孩子独立思考的能力，让孩子成为一个有主见、有思想、果断、独立的好孩子。

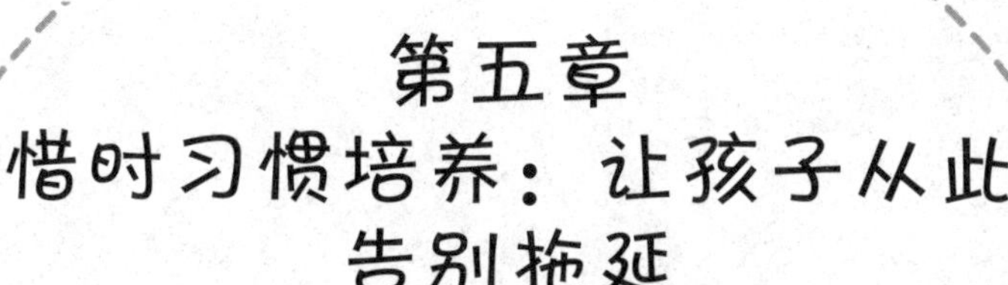

第五章 惜时习惯培养：让孩子从此告别拖延

古人云：“一寸光阴一寸金，寸金难买寸光阴”……人的一生何其短暂，时光又是多么易逝。身为父母，我们有责任告诉孩子时间的宝贵，惜时教育应该从孩子幼时开始。

你的孩子有时间观念吗

“一寸光阴一寸金，寸金难买寸光阴。”时间就是生命。对于孩子而言，尽管生命才刚刚开始，但是依然非常宝贵。孩子们年龄小，自我控制的能力不够，作为家长，我们有责任告诉孩子时间的宝贵，培养孩子的时间观念。

那么，该如何培养孩子的时间观念呢？

首先，对于刚刚出生的婴儿来讲，离开母体来到这个陌生的世界，他们往往会感到非常不安。这个时候，孩子们的需求完全属于生理需求。家长可以立即满足孩子的需求，以此降低孩子不安的心理。随着孩子的不断成长，他们渐渐适应了这个世界，在其不再觉得不安之后，家长就应开始着手培养孩子的时间观念了。如固定时间段喂奶、固定时间点给孩子讲故事等，这些行为都有利于培养孩子的时间观念。

其次，对于学龄前儿童，从最初起的数数到后期了解时间术语，这个过程很长。但家长们千万不要着急，孩子们的学习能力非常强，他们会在不知不觉中提升自己对时间的意识。在这个过程中，家长们只需要按照科学的时间表来约束孩子，潜移默化地影响孩子的时间观念就可以了。

彤彤是一个非常有时间观念的孩子。周围的邻居都羡慕彤彤妈妈培养出了这样一个好女儿，于是便纷纷向彤彤妈妈取经。彤彤妈妈也很坦白，将自己的育儿心得一五一十地与邻居们分享。原来，彤彤妈妈本身就是一个非常有时间观念的人，做什么事情都提前计划好，从不“胡子眉毛一起抓”。养育彤彤这件事也是一样，在彤彤还是个小婴儿的时候，彤彤妈妈就制订了计划：定时哺乳、定时哄孩子睡觉、定时叫醒孩子、定时给孩子放音乐、定时带孩子出去散步……她从来都不会因为孩子哭闹就喂奶。只要时间没有到，无论孩子怎么哭，她都不会喂奶。为此，彤彤奶奶甚至有些不高兴，在老人看来，彤彤妈妈有些心狠，那么小的孩子什么也不懂，给孩子立这些规矩没有任何意义。而彤彤妈妈却不以为然，她坚持按照自己的方式养育孩子。

事实证明，彤彤妈妈是对的。习惯成自然，由于彤彤妈妈的明智，彤彤从小就在按时间表生活，到什么时间就做什么事情，渐渐地，孩子便有了强烈的时间观念。在这个习惯的作用下，彤彤任何方面都表现得比常人优秀。例如，放学之后，第一时间立即做作业，做完作业她还会将第二天要讲的课预习一下，从来不会像其他小朋友那样先玩耍再做作业。也因此，无论老师留多少作业，彤彤从来都没有不完成的时候，而且从来不会因为做作业而熬到深夜。很多孩子都很好奇，彤彤哪来的时间将第二天要讲的课预习一下。其实，彤彤只是做到了在什么时间就做什么事情，并没有什么过人之处。只是仅仅凭借着这点规矩，彤彤就收获了很多。

这就是时间，时间总是最无情的，从来不给任何人第二次机会，过去了就永远不会再回来。而同时，时间又是最公平的，只要人们认真把握它，它就能给予人们最丰厚的回报。时间对于一个人来说很重要，只有把握住了时间，人们才能拥有未来，把握不住时间的人是不会有任何美好的回报的。对于孩子也是如此，良好的时间观念有助于孩子的健康成长。作为家长，从小培养孩子的时间观念是刻不容缓的责任。

观察一下自己的孩子是不是有很强的时间观念，审视一下自己的家庭教育有没有着重培养孩子的惜时习惯。如果您的孩子没有良好的时间观念，那么从现在就应当开始抓了。一定要培养起孩子良好的时间观念，要知道没有时间观念的人是不会取得任何成功、不会拥有幸

福的人生的。相反，那些时间观念很强的孩子，他们的智商和情商往往发展得比较成熟，他们更容易养成良好的生活习惯、树立强大的自信心、掌握良好的社交能力，他们才是未来社会的主角、创造精彩人生的成功者。

培养惜时观念要从钟表计划开始

时间对于每个人都是平等的，谁把握住了时间，谁就把握住了成功的密钥。很多成功人士都将时间视为生命，把时间看得很重，一分一秒都不随便浪费。他们的成功源于他们对时间的把控与珍惜。对于孩子而言，他们的生命才刚刚开始，拥有强烈的惜时观念能够帮助孩子坚实地走好今后人生的每一步。

浩浩妈妈非常重视孩子时间观念的培养，在这个过程中，她充分发挥了钟表的作用。在浩浩两岁半的时候，浩浩妈妈拉着浩浩来到商店里买了一只非常精致漂亮的钟表。从此之后，在浩浩的生活中这个钟表的声音就时不时地回荡着。

放学了，回到家里，浩浩走进屋的第一件事情就是拨动钟表，将时间定在 40 分钟之后。这个时间段是浩浩完成作业的时间。只见浩浩立即走回自己的房间，铺开书本，开始做作业。而浩浩妈妈则会立即来到厨房里，为一家人准备丰盛的晚餐。在这个时间段，屋子里面静悄悄的，除了厨房里有一些声音。40 分钟之后，钟表的声音响起。浩浩打开房门，妈妈也已经将晚餐准备好。浩浩再一次来到钟表面前，拨动表针，将时间定到一个小时之后，这段时间是家人们用餐和放松的时间。接着，家里面开始热闹起来——家庭成员们纷纷洗手的声音、欢快聊天的声音、用餐的声音、整理餐具、收拾家务的声音，等等。钟表的声音再次响起，全家人立即开始换衣服、换鞋子，因为到室外散步的时间到了，他们要进行餐后百步走。

很快，愉快的散步结束了，一家人回到家里，各自开始各自的生活了。钟表被定在了一个小时之后，这段时间是浩浩预习功课和重点温习的时间，浩浩会将今天的功课重新回顾、总结一遍，将重要的知识点提炼出来规整好，再将明天的课程预习一下。而浩浩的父母则会利用这一个小时时间读读书提高一下个人素质。短短的一个小时时间，全家人做了很多很多事情。

当钟表的声音再次响起时，睡前准备的时间到了。家人间互相拥抱之后，各自上床准备入睡。这时，浩浩会从书柜里选出一本感兴趣的课外书来读。这些书籍都是浩浩在家长的陪同下一起从图书馆里借回来的，都是一些非常不错的读物。浩浩非常喜欢阅读这些书籍，从中了解到了很多以前不知道的事情。一个小时之后，钟表的声音再次响起。浩浩放下书，关上灯，安静地睡下了。

这样的生活习惯是浩浩从小便养成的。按照这个习惯作息，浩浩从来没有觉得生活很紧张，事情很多做不完。他的生活总是有条不紊，非常有规律，而且浩浩在各个方面表现得都非常好：成绩优秀、性格温和、冷静沉稳、待人友善……随着时间的推移，越来越多的优点都聚集到了浩浩身上。

事例中的浩浩小朋友将时间利用得非常充分。从小养成的惜时习惯让小浩浩的生活非常幸福、有节奏且收获颇多。浩浩没有像其他小朋友那样一放学就像打仗一样，急急忙忙地吃上一口饭，就赶忙奔赴各种课外辅导班，每天都忙到很晚很晚，还总是成绩跟不上。这种现象可以说是很多中小学生的常态。其实，每天只要将孩子的时间安排好，根本就不用上那些所谓的课外辅导班。

对此，建议家长应多多利用钟表的作用。孩子们的年龄小，贪玩心理过重、自控力不强，真的让孩子做到自觉提高时间的利用率的确有些

不现实。而钟表的作用恰恰能够弥补这点不足，制订好完善的计划，然后定好时间，让钟表来提醒孩子们到了该做某件事情的时间了。久而久之，孩子的惜时意识就会在不知不觉中增强。

所谓“世上无难事，只怕有心人”，很多事情只要多用心、多动脑筋，找到合适的方法，都能够拥有完美的结局。提高孩子的惜时意识也是如此，在很多家长看来简直是难于上青天，却不知是采用的方法不对。家长们不妨尝试一下从钟表计划开始，培养孩子的惜时意识，定会有意想不到的收获。

“一寸光阴一寸金”，进行时间教育

人们常说：“一寸光阴一寸金”，事实上，光阴比金子还要珍贵。时间，不仅能够带给人们财富，更能带给人们一切的幸福与成功。没有了时间，幸福的生活、辉煌的成功、健康的身体都将不复存在。时间就是生命，珍惜时间就是珍惜生命，就是对自己只有一次的生命的最高尊重。那么，作为家长，你对孩子的时间教育是否做到位了？

“妈妈，你为什么一边做饭一边洗衣服呢？看你满头大汗，忙得团团转，如果一次只做一件事情，不就轻松多了吗？”儿子总是这样懂事，也总是那么喜欢问为什么。妈妈放下手中的活儿，认真地对儿子说道：“好孩子，妈妈这样做的原因是，在做饭的时候，会有很多空余的时间，如等待米饭蒸好的时间、等待锅里的水烧开的时间，等等。在这些空余的时间里，我可以去洗衣服或是做其他家务活儿呀。这样一来，就能节省出很多时间了，不会造成时间的浪费。”

儿子似懂非懂地点了点头，“但是妈妈，时间非常宝贵么？浪费那么一点点都不行么？”

“当然了，儿子，时间特别特别地珍贵，比你的超级机器人还要宝贵。

如果我们能够节省出一点点时间，那么可以换无数个超级机器人呢。”妈妈说道。

“真的呀，妈妈。时间这么宝贵呀，那我也要珍惜时间，不再浪费时间了。”

时间对于每一个人来说都是非常宝贵的资源。作为家长，我们应该让孩子充分认识到时间的宝贵性，从而增强孩子的惜时意识，珍惜每一分每一秒。在当今这个高速发展的时代里，时间的重要性尤为重要，很多成功都来自于一分一秒的争取。把握不住这些小光阴，就不会有大的作为。正如事例中的母亲，她用自己的实际行动向孩子展示了应该怎么利用好时间。同时，还站在孩子的角度上，巧妙地告诉了孩子时间的重要性，在孩子的潜意识中种下了“一寸光阴一寸金”的时间观念。

下面简单总结几种对孩子进行时间教育的小方法：

（1）将时间比作具体的、孩子平日最在意的实物。

很多时候，孩子由于理解力有限，不能理解家长们常说的“时间就是生命”“时间是最宝贵的”“一寸光阴一寸金”之类的语言，他们可能会疑惑，时间为什么是最宝贵的？向孩子解释太多、讲太过的大道理并不能让孩子明白时间的宝贵性，最好的方法就是将时间比作孩子们平日里最喜爱、最在意的实物，如某件玩具、某件衣服、某双鞋子，等等。有了这些实实在在的实物做比对，孩子们就能够充分地理解时间的重要性了。

（2）加强孩子对零碎时间的利用率。

“妈妈，我就看一会儿电视”“妈妈，我再睡一会儿”……孩子们总是喜欢磨蹭来磨蹭去。对于孩子的这一坏习惯，家长应立即予以纠正，不要觉得“一会儿时间不长”由着孩子去。即便是一分钟也是非常宝贵的，也是能做很多事情的，如一分钟能与一个人进行简单明了的沟通，一分钟也是能行走 50 米左右的距离，一分钟甚至能够决定一场战役的

胜负。在现实生活中，很多重要的事情能否取得成功都是由一分钟能否被充分利用所决定的。因此，家长千万不要忽视每一分每一秒的时间，也要坚决拒绝孩子们浪费一分一秒。小习惯决定大人生，从小就帮助孩子养成珍惜时间的习惯，长大了才能拥有成功的人生。

（3）以身作则，教育孩子。

家长作为孩子的第一启蒙老师，在要求孩子珍惜时间的同时，自身一定要以身作则，为孩子树立良好的榜样。很多家长在日常生活中拖拖拉拉、浪费了很多时间，孩子耳濡目染也会拖拖拉拉、浪费时间的。因此，家长们在日常生活中一定要珍惜时光，将时间合理安排好，这样才能在无形中影响孩子。要知道，实践是最好的教育，让孩子亲眼看到、亲身感受到的教育才是最好的教育。

时光匆匆如白驹过隙，我们想抓也抓不住，唯有充分利用它，不浪费每一分每一秒，才能防止时光的白白流逝。教育孩子更应如此！

制订家庭生活作息时间表

我们总说时间珍贵，没错儿，时间的确非常珍贵。想要提高时间的利用率，其中一个的重要方法就是制订时间表，将要做的事情按顺序提前安排好，避免做起事情来杂乱无章，以提高时间的利用率。

对于家庭教育而言，制订家庭生活作息时间表对增强孩子的时间观念有着非常重要的作用。现在很多家长总是嘴上说要重视对孩子的时间意识的培养，而实际上呢，他们每一天在单位里忙得团团转，生活上乱七八糟、毫无章程，根本就抽不出时间来好好培养孩子的时间意识。同时，杂乱无章的生活节奏对培养孩子良好的时间意识也是有百害而无一利的。而制订家庭生活作息时间表就能够很好地解决这个问题，不仅能让家长摆脱忙碌的生活节奏，做起事情来有规有矩，还有助于帮助孩子建立起良好的时间观念。

既然制订家庭生活作息时间表有这么多好处，那么家长们到底应该怎样制订时间表呢?

首先，时间表的制订一定要结合实际生活。如家长们每天八点钟需要上班，那么，就必须在八点之前整理好一切。可以这样制订——

六点半起床，妈妈洗漱然后准备早餐；爸爸负责整理被褥和帮助孩子起床、整理被褥然后洗漱。

六点五十五分用早餐。

七点半准时离家，送孩子上学。

这样八点之前,家长是一定可以去上班的。早上的时间也会非常充裕，有节奏。

晚上回家之后，可以这样安排：

五点放学，五点二十分回到家中，孩子先做作业，家长准备晚饭。

六点准时开饭，这个时候，孩子的作业也基本完成了。

六点半用餐完毕，一家人可以在一起聊聊天或是看看电视放松一下。

七点二十一分家人准时出去散步。

八点回到家里，孩子可以温习一下功课；家长可以读读书、看看专业资料。

八点五十分开始洗漱。

九点十分上床。孩子睡前可以读读课外书，或是听听音乐。

九点四十准时熄灯睡觉。

这样的时间安排既能保证孩子顺利完成学习任务，同时还能保证孩子的休息时间和放松时间，工作、学习、锻炼全部都能有计划地进行。

其次，休息时间要调整时间表。周末的时候，孩子不上学，家长也有了空余时间。这时，家长需要花时间多陪陪孩子到郊外走走，让孩子

多接触一下大自然。时间表可以这样做——

周六的时候，家长和孩子进行一些有意义的外出活动，如旅游、爬山、郊游、访友，等等。这样既能舒缓孩子紧张的精神，又能增加孩子与外界的接触机会，有利于孩子的健康成长。

周日的时候，上午七点起床，七点半吃早饭，八点出门散步，八点四十分准时回家做作业。上午的时间主要用于孩子做作业，中间孩子可以走出书房吃点水果、活动活动。等到中午的时候，孩子的作业基本上已经完成，正常午休之后，家长可以将周末下午的时间用于打扫卫生，整理下周需要穿的衣物，让孩子也参与到打扫卫生的活动中，尽一名家庭成员的义务。

这样的安排，不仅达到了放松的目的，还确保了孩子按时完成作业，独立清洗衣物，整理家庭卫生各项工作的顺利进行。

有了这样的时间安排表，家长和孩子再也不用过杂乱无章的生活了，再也不会出现作业完成不了、家长上班迟到的现象了，时间被充分地利用起来，各项工作就能按部就班地进行了。这才是我们想要的家庭生活，这才是孩子们需要的家庭环境。这样一张小小的时间表将我们的生活、学习和工作有序衔接了起来。正所谓“磨刀不误砍柴工”，先制订好科学、合理的家庭时间表，然后再按照顺序按部就班地进行，每天如此，定能获益良多。

重视时间，做事自然能高效率

很多孩子认为自己还很年轻，有很多很多时间，不用担心浪费，甚至很多家长也是这样认为的。而事实绝非如此，没有任何人的时间经得起浪费，即便是刚刚步入社会的孩子。

常纯和常杰是一对双胞胎。两个孩子的长相很相似，性格却截然不同。常杰非常文静且思想成熟，深得父母和老师的喜爱；而常纯则不同，性格浮躁、贪玩，总是一副不成熟的样子，让家长操了很多心。

就时间观念而言，常杰非常有时间观念，从小就懂得时间的宝贵，从不浪费时间。为了能够提高时间的利用率，她总是千方百计地节省时间。用她的话讲："时间这么宝贵，我一定要充分利用起来，让它发挥出最大的价值。"而常纯却从来不思考这些，她更关注今天穿什么衣服、去哪里玩。她认为，时间还很多，何必把自己逼得那么紧。于是，当常纯还在呼呼大睡时，常杰就已经完成了晨练，并且默诵了三十个英语单词和一段英语美文。常杰帮助妈妈将早餐摆好之后，常纯才揉着朦胧的睡眼开始洗漱。接下来，为了不让常杰再催促自己，常纯开始了火急火燎的忙碌，甚至连早餐都来不及吃，就赶忙跑着上学了。

时间是公平的，你怎样对待它，它就会怎样回报你。常杰非常重视时间，将每一分每一秒都充分利用了起来。几年下来，她的英文水平远远超过了常纯，几乎每次英文考试都能拿到满分。而常纯却总是不及格，经常被请叫家长。为此，她们的父母非常苦恼。

在现实生活中，这样的情景非常常见，有的孩子看起来沉默寡言，心里却非常有数儿，做事情迅速、利落，从不拖拉，时间观念非常强；而有的孩子却截然相反，做事情没有计划性、拖拖拉拉，一点儿时间观念都没有，这样的孩子丝毫不在意的宝贵时间白白流失，更别提做事效率了。面对这样不重视时间、做事没有效率的孩子，家长们一定要纠正孩子的时间观念，对孩子多强调时间的重要性，让孩子早日成为一名有时间观念的人。重视时间需要从很多方面着手，例如：

（1）要求孩子今日事今日毕。在当今这个信息高速发展的时代里，效率决定一切，没有效率的孩子是不会取得任何成绩的。

（2）分秒必争。毛泽东同志曾说："百丈之台，其始则一石，由是而二石焉，由是而三石焉，四石以至千万石焉，学习亦然。今日记一事，

明日悟一理，积久而成学。”很多家长和孩子都认为，学习、读书需要大块儿时间，零零散散的时间不足为道。在这样的观念影响下，孩子是不会成功的。时间就像大海里的一滴滴水，分开来看的确没有太大作用，但是时日久了却能汇积成海。

（3）早睡早起、规律作息。古人说：“一天之际在于晨”，的确如此。早早起床，是美好一天的开始，作为家长，不要放纵孩子睡懒觉的习惯。正常的作息习惯是重视时间、尊重自然规律的表现，也是做事高效的重要因素。

另外，从科学的角度来讲，睡懒觉不利于身体健康，容易让人处于混沌的状态中，导致一整天都萎靡不振。在这样的精神状况下是不会有高效率的，必然会造成时间的浪费。

除此之外，家长还应从孩子的心理方面入手，多关注孩子的心理发展，找出孩子不重视时间的原因，从根源上解决问题，让孩子从内心深处认识到时间的重要性，从而发自内心地珍惜时光、提高效率。

引导孩子学会合理安排时间

时间就是生命，青少年要从小养成合理安排、利用时间的好习惯，对自己的将来负责任。作为家长，我们更有责任和义务引导孩子学会合理安排时间。那么，应该怎样引导孩子学会合理安排时间呢？

成功学家卡耐基曾说：“早上赖床是在透支时间，如此昂贵的透支无可比拟。”一位世界闻名的大学者尚且将早上的时光看得如此重要，更何况平凡的孩子们呢？“一天之计在于晨”，引导孩子学会合理安排时间的第一步就是“早早起床”。

早起是一个人有动力、精神面貌良好的表现。孩子们是早上八九点钟的太阳，更要充满朝气和活力，不要养成每天赖床的坏习惯。作为家长，我们要从小帮助孩子养成早睡早起的好习惯，不能纵容孩子赖床的习惯。

经过一晚的休息，早上是孩子精神面貌最好的时候。家长应告诉孩子将最重要的事情放到早上先做。这就要求孩子们学会给各种事情“排队”，分清主次，做好计划。这个过程其实并不复杂，家长们可以根据孩子的年龄用孩子听得懂的话语告诉孩子什么才是最重要的事情。例如，对于刚刚上幼儿园的孩子就可以这样说：“老师让画一幅画，明天交给老师，你觉得这件事情重要还是欣赏动画片重要呀？动画片不看老师不会生气，可是画如果没有画完，老师可能会生气哟。”很多小朋友都不希望让老师生气，因此，他们会选择去做自己认为重要的事情。

一个家长带着孩子找到一位教育专家，“您帮帮我吧，我实在是没有办法了。我的孩子今年上初三了，平时学习成绩很好，考上重点中学是没有问题的。可是自从孩子上初三开始，每天都非常努力，经常读书到深夜，早上天还没亮就起床学习。可是不仅成绩没有任何进步，还不断倒退。眼看着孩子的成绩离重点中学的分数线越来越远，我们简直都急死了。孩子自己也很着急。”

教育专家听完家长的描述，看了看旁边萎靡不振的孩子，问道：“孩子，累不累呀？”孩子点了点头。“是这样的，就现在的情况来看，你需要做的不是去关注重点中学的分数线，而是按照正常的作息时间学习和生活。”专家说道，“如果从现在开始，你不能按照正常的作息时间学习、生活，那么不要说重点中学了，连普通中学你都可能考不上。”家长和孩子点了点头，回去了。

中考结束后，这位家长再一次带着孩子找到了这位专家，说道：“孩子已经顺利考入了重点中学，但是有一点我们不明白，为什么孩子越是努力成绩越是下滑，而当孩子按照您说的，正常休息，正常学习，不再利用课后时间学习了，成绩反而开始上升了呢？”专家笑了笑，说道：“那哪儿是努力学习呀，分明是在做无用功，不仅不能提升成绩，

还会因为体力不济而导致注意力不集中，连正常的课堂时间都不能集中精力学习。”

孩子说道：“还真是如此，以前每晚学到深夜时，第二天都会觉得头昏脑涨的，上课不仅不能认真听课，还总是打瞌睡。后来按时睡觉之后，老师讲的知识点我全部都能理解了。”

“对了，只有休息好，才能充分利用学习时间，才能提高效率。“老专家总结道。

这个事例告诉我们，一定要合理安排时间，按照科学的作息时间作息，才能保持精力充沛，才能提高时间的利用率，达到事半功倍的效果。

引导孩子学会合理安排时间还要杜绝拖沓的现象。想要改掉这一坏习惯，建议家长从现在开始，严格规范孩子做事的习惯，要求孩子在做事情时一心一意，不能三心二意。例如，很多小朋友总是喜欢边看电视边吃饭，这个习惯非常不好，家长应该予以纠正。

综上所述，家长在引导孩子学会合理安排时间的过程中一定要重点关注以上四点——充分利用早上的时间；将事情理顺，分出轻重缓急来；合理作息，劳逸结合；杜绝拖沓。只有做好了这四点，孩子们才能做到合理安排时间。

儿童时间管理训练法

惜时是一种美德，每一个人都喜欢与时间观念强的人打交道。如果我们的孩子是一个有强烈时间观念的人，那么他会给身边的人留下诚信、可信的印象，会在以后的人生道路中获得很多的优质标签。

让我们测试一下孩子的时间管理能力：

（1）孩子有没有“明日复明日”的习惯？

（2）孩子有没有列时间表的习惯？如果有，能不能长时间坚持下去？

（3）对于打乱孩子计划的人和事，孩子有没有勇气说“不”？

（4）做事情是不是一心一意的？

（5）对自己做的事情，有没有时间限制？

（6）能不能按照事前商量好的时间进行娱乐？

（7）孩子会不会经常反省自己的时间利用率，并及时纠正？

（8）孩子会不会克制不住诱惑，将时间浪费在没有意义的事情上。

很多孩子都有良好的时间管理能力，都懂得时间的重要性，因此，这些孩子们非常优秀，在短短的时间里养成了很多好习惯。当然，也有很多孩子没有良好的时间管理能力，浪费了很多时间，即便他们看起来非常忙碌，但却什么事情也做不好，什么收获都没有取得。这就是不同的时间管理能力带来的不同结果。

下面介绍几种儿童时间管理训练法：

（1）时间表法。

提高孩子的时间管理能力，最好的方法就是帮助孩子合理安排时间。如制订一个合理的作息时间表。当然，这个时间表需要根据孩子的实际情况而制订，要符合孩子的兴趣和特点，并征得孩子的同意，不能急功近利，对孩子要求太高；还需要综合考虑各种因素，让孩子在学习、锻炼、休息和娱乐时都有充裕的时间，这样孩子才能健康成长。制订时间表的目的是为了增强孩子的时间观念，提高孩子的时间管理能力。所以，家长要根据孩子的成长情况及时变更时间表。制订时间表的最终目的在于实施，家长应及时跟进孩子的执行情况，对孩子进行一段时间的监督，久而久之，良好的习惯就会被养成。

（2）榜样引导法。

家长可以利用日常的生活细节，让孩子参与到节约时间的实际活动中去。比如，洗衣服的同时做些健身运动，看电视的同时做些其他家务，干家务活儿的同时和身边的人聊聊天。这些日常生活中的琐碎时间最容易被人忽视，而在这些琐碎的时间里往往能够创造出很多奇迹。

（3）按时作息、劳逸结合法。

玩儿是孩子的天性，孩子是在玩儿中成长的。家长不要抹灭孩子的天性，违反自然规律。但凡那些按时休息、按时起床、按时睡觉、按时学习的孩子们，都身体健康、自立能力强、性格温和、学习成绩良好。

事实上，按时作息、劳逸结合恰恰是重视时间、合理利用时间的表现。作为家长，我们要让孩子从小按照合理的作息时间进行作息。不会休息的人就不会学习，每个人都有自己的生物钟，这个生物钟一旦形成就不容易被改变，因此，保证孩子充足的休息时间也是提高时间效率的妙法。

（4）急事缓做，慢慢延长孩子学习的时间。

很多孩子都非常好动，注意力很难集中，家长对此也是一筹莫展。对此，家长可以采用短时间学习法——在孩子注意力集中的时间段安排孩子学习，当孩子的注意力不能集中时，不要勉强孩子；要慢慢延长孩子的学习时间，不要心急。

对于孩子，他们不能像成年人那样对时间的重要性有充分认识，也不能像成年人那样有着良好的自我控制能力和时间管理能力。因此，需要家长帮助孩子制订出适合他们的时间管理训练法，从而养成孩子良好的时间管理能力。每一种时间训练方法都有其优点和缺点。家长朋友在为孩子制订合理的时间训练方法时，没有必要完全套用他人的训练方法。因为每个孩子都有其特点，我们需要根据自己孩子的特点为他们量身定制出最适合他们的方法，以此来培养孩子良好的作息习惯，确保孩子们精力充沛，提高孩子的时间利用率。

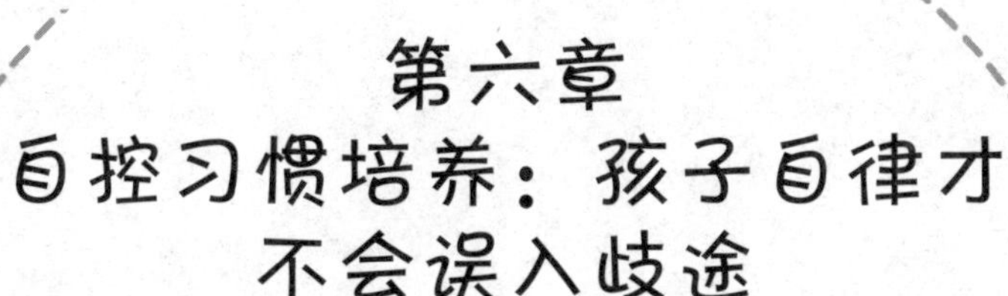

第六章
自控习惯培养：孩子自律才不会误入歧途

身为父母，我们无时无刻不在担心：孩子玩物丧志，孩子误入歧途，孩子染上不良习惯……其实，只要孩子养成了自控自律的好习惯，一切问题都会迎刃而解。

父母不“他控”，孩子才能“自控”

很多家长历来都推崇棍棒教育法。他们认为，孩子不自律，是因为管理不严所致。为了孩子能够自律，走上正道，家长们不得不扮演各种身份——保姆、严师、能够指挥孩子做任何事的主人，等等。这样的家长时时刻刻都在对孩子进行“他控”，他们管控着孩子的一切举动。因此，他们培养出来的孩子只能被动顺从他人的意志，完全丧失了学习自我控制的机会，自然也就没有“自控”的能力了。

艳艳马上就要随父母移民马来西亚了。可是她一点也不觉得开心，在这里，有她喜欢的同学和老师，还有她一直爱好的篮球。在这之前，学校决定让艳艳参加校队，代表学校参加全市中小学生的篮球比赛。为了得到这个机会，艳艳每天苦练，吃了很多苦，现在机会是抓到了，却要因为自身的原因而放弃。这让艳艳非常痛苦。艳艳妈妈说她长大了，应该开始筹划未来了，便早早地帮她做好了准备，说是给孩子一个光明坦途。

从小到大，艳艳都生活在妈妈的“他控”之下。每天一放学就要按照妈妈的安排进行接下来的事情：回到家里第一件事就是做作业，做完作业交给妈妈检查，合格后再预习一下第二天要学习的知识，从来都没有娱乐和看电视的时间。对此，艳艳虽然很不愿意，但也只能被迫顺从妈妈。

不仅是在学习上，艳艳妈妈在生活上同样掌控着孩子的一切，从穿衣吃饭到交朋友，从个人喜好到思想取向，艳艳简直成了妈妈手中的木偶，没有丝毫的自由。有时候奶奶有些心疼孙女，看不过去了，对艳艳妈妈说道："孩子一天天长大了，有自己的思想和爱好，你就不要管那么多了，这样对孩子不好。""那可不行，我必须对孩子的未来负责任。"艳艳妈妈振振有词，一副没有任何商量余地的样子。奶奶无奈地摇了摇头，心疼地看了看孙女。

中国盛产"全能的父母"，他们能够包办孩子的一切，希望孩子完全按照他们的指示生活。这样热衷于"他控"的家长，培养出了一代又一代缺乏自控能力的孩子。很多时候，孩子们需要的不仅仅是一个独立的房间，他们更需要一个真正属于他们自己的精神空间。

父母应该充分认识到，孩子是一个独立个体，要相信孩子的能力、给他们一些空间，让他们发挥一下自己的自控能力，按照他们自己的思想、兴趣和爱好走好自己的路。

（1）孩子是一个独立的生命个体，父母要尊重孩子。

孩子是一个独立的个体。独立的思想空间、决定选择权、兴趣爱好都是孩子作为一个独立个体应该具有的权利。即便是父母，也不能剥夺孩子的这些权利，让孩子成为被随意摆布的木偶。

孩子有自己的思想、喜好，需要在一个相对独立、自由的空间里成长出真正的自我来。作为家长，需要尊重孩子，他的生命虽然是你们给的，但这不代表你有掌控孩子人生的权力。家长应充分了解孩子的需求，多与孩子协商，从而陪伴孩子快乐地成长。要让孩子按照自己的喜好、目标创造其自己的人生。

（2）过度的爱就是监视。

过多的关注就是一种监视。现在的家长把目光和爱都聚集在了孩子身上，对孩子形成了无形的监控。孩子完全没有了自由，一举一动都在父母的他控之下。这样一来，家长的爱就会成为一种巨大的压力，使孩子失去自我，丧失自控的能力。

（3）家长允许孩子犯错误。

孩子的年纪小，人生阅历不足，犯错误在所难免。要知道，在犯过一系列错误并改正之后，孩子们的能力也就被训练出来了。这是孩子成长过程中必须要经历的。爱因斯坦说："谅解也是教育。"懂得宽容的父母，不仅仅是孩子的良师，也是益友。

放开双手，让孩子远离他控，成长为做事有主见、自控能力强、独立性强的孩子，不应总要求孩子听话，一步步摧毁孩子的自控能力，这无异于寄希望于笼中的金丝雀能够拥有翱翔九天的本领。

赏罚分明，让孩子搞清楚规则

赏是为了激励，罚是为了警醒，教育孩子需要赏罚分明。教育是一门大学问，要达成预期的目的，需要赏罚分明。适度的奖赏是对孩子正确行为的鼓励，有利于增强孩子的自信心；而必要的惩罚同样有助于孩子的健康成长。过度的奖赏会让孩子膨胀，过度的惩罚易让孩子自卑。在家庭教育中，赏罚教育要适度、要分明。

宁宁的父亲是个严父，为了孩子能够成才，对宁宁从严教育。在宁宁很小的时候，有一次与几个小伙伴一起出去踢球。孩子们你夺我抢的，一不留神就将邻居家的玻璃打碎了。邻居家的孩子比宁宁他们大上几岁，见到自己家的玻璃被打碎了非常愤怒，不由分说上来就打了宁宁的伙伴。为了维护同伴，孩子们纷纷上前和邻居家的孩子讲道理。他们表示打碎玻璃不是有意的，可以赔偿。然而，邻居家的孩子不肯罢休，不停地踢打宁宁的伙伴。看着小伙伴被打得这样惨，宁宁终于忍不住了，他一个健步冲了上去，与邻居家的男孩扭打在了一起。结果，虽然宁宁也受了一些轻伤，但是邻居家的孩子却被打得头破血流，送进了医院。

邻居知道后，找到宁宁的父亲，将事情讲述了一遍，并说明了孩子受伤的程度。宁宁的爸爸一听宁宁竟然将人家的孩子打进了医院，顿时怒火中烧。回到家里，宁宁爸爸阴着脸将宁宁叫来训问。宁宁一五一十地向父亲讲述了经过。宁宁爸爸闻听打架的起因是宁宁他们先打碎玻璃，接着又将人家的孩子打进了医院，再也压不住心中的怒火了，不由分说地将宁宁暴揍了一顿。第二天，又押着宁宁去赔礼道歉。

尽管宁宁心里有些不服气，但是面对愤怒的父亲，他不敢不服从。可是，这件事情在宁宁的心理上却留下了很深的阴影，他对自己的父亲不护着自己的行为不能理解，在心里一点点地疏远起了父亲。宁宁的妈妈看出了宁宁的心思。她主动和宁宁的父亲谈了谈，认为宁宁爸爸一味惩罚孩子的教育方式不合理，宁宁之所以做出出格的行为其缘由也是出于保护自己的朋友。在这一点上，宁宁值得被表扬。宁宁爸爸认真思考了一下，觉得宁宁妈妈说得有道理。

第二天，宁宁爸爸送给宁宁一辆变形汽车。这是宁宁一直想要得到的。宁宁抱着变形汽车，高兴极了。这时爸爸说道："这是对你那天勇于保护朋友的初衷的奖赏，尽管你采取的行为是错的，但是已经得到了惩罚。赏罚要分明，错了要惩罚，对的也要奖赏。"听着老爸的话，明明顿时觉得老爸高大了很多。

在大力提倡素质教育的今天，赏识教育成为了一大热门话题。孩子们听到了太多太多的夸奖表扬之语，然而，赏识教育不是万能的，不能包治百病。一味地赏识会让孩子迷失心灵，听不进任何忠言。孩子只愿听好话，不愿听任何批评，也经受不起一点点的惩罚。在这样的教育之下，孩子们不清楚什么事情该做、什么事情不该做，他们弄不清楚规则。要知道，不清楚规则，没有明确的行为准则，孩子们就会终日沉迷于自我欣赏之中。而在现实生活中，除了父母外，没有任何人能够永远为孩子们提供"赏识"这种"精神制剂"。由此可见，赏与罚应该是家庭

教育的两大工具，缺一不可。

教育是一门艺术，有时需要柔软，有时需要强硬。家长们只有掌握住教育的规律，赏罚分明，才能规范孩子的基本行为。一味的奖赏不能规范孩子的行为，一味的惩罚同样也不能规范孩子的行为。只有赏罚结合，赏罚分明，才能让孩子弄清规则、健康成长，帮助孩子走向成功。事实上，家长们不要担心惩罚会伤害孩子的自尊心，在孩子做错事情时，他们的内心深处就已经做好了接受惩罚的准备。所以，在家庭教育中，对孩子进行教育时，赏罚分明的方式可能更为有效。

孩子能约束自己，才能拒绝诱惑

人生中充满了各种诱惑，权力、金钱、美女，等等。这些诱惑如蛇蝎美人一样，表面上看起来非常漂亮，让人垂涎三尺，而实际上却能让人五迷三道、一失足成千古恨。

亮亮原本是一个非常懂事的孩子。由于家庭条件不够好，父母总会身兼数职，十分辛苦。为了帮助父母减轻负担，亮亮从小不乱花一分钱。看着别的孩子都有成堆的玩具，亮亮也想要；看着别的孩子吃着甜甜的雪糕，亮亮也想吃；看着别的孩子穿着漂亮的衣服，亮亮也想拥有一件。可是，他不能要求父母给他提供这些，因为他知道父母已经很不容易了。为了能够省钱，一年冬天，亮亮家甚至没有买煤。冰冷的屋子冻得亮亮彻夜不眠。

这一天，亮亮照常上学。同学小青带来了一个玩具恐龙。同学们都争先恐后地围观，亮亮也跑了过去。这个玩具恐龙还真好，不仅能够唱歌跳舞还能朗诵诗歌。亮亮喜欢极了，拿在手里久久不愿放下。

终于，诱惑的魔力战胜了理智。亮亮利用同学们都在操场上做早操的时间，偷偷地将玩具恐龙藏在了自己的书包里。下操之后，小青发现玩具恐龙不见了，他急得哭了起来。同学们纷纷议论，可能是被人偷了。于是，同学们报告了班主任老师。丁老师闻听有些吃惊，自己的班里竟然会出现偷东西的事情。于是，丁老师一个个地找同学们谈话。

当丁老师与亮亮谈话时，发现亮亮有些紧张，有些做贼心虚。丁老师又了解了一下，今天早操只有亮亮没有出操。真相基本上浮出了水面。丁老师语重心长地对亮亮说道："孩子，人穷志不穷呀。老师相信你是一个好孩子。犯了错误不要紧，改了就好。"亮亮看着老师，流下了悔恨的眼泪。其实，当他看到小青因为找不到玩具急得哭了起来的时候就已经后悔了。最后，在老师的鼓励下，亮亮将玩具还给了小青，并向小青道歉。

这就是诱惑的魔力，没有强大自控力的孩子是无法抵御的。因此，作为父母，我们应培养孩子的自控力，不要让诱惑侵袭孩子。所谓"一失足成千古恨"，这种不幸的结果，不要让我们的孩子品尝到。古往今来，很多成就大事的人都有很强的自我约束力，他们能够抵御住各种诱惑。对于家长而言，应该从小锻炼孩子的自我约束力，为孩子的一生奠定坚实的基础。孩子的自我约束力需要在家长的引导下逐渐增强，必须要经过长期不懈的努力，并及时给孩子以精神鼓励。

那么，怎样才能提高孩子的自我约束力呢？

（1）灌输给孩子正确的是非观，让孩子清楚什么是对的什么是错的。

在孩子小的时候，父母就要为孩子灌输正确的是非观，让孩子明白是非，知道哪些事情可以做、哪些事情不可以做。在原则问题上，家长要坚持原则，寸步不让。

（2）当孩子触碰原则时，应坚决制止，不可姑息。

孩子年纪小，自控力差，需要父母的监督和管束。孩子做错事情时，家长一定要帮助孩子改正，不要一时心软纵容孩子的小恶。"千里之堤毁于蚁穴"，孩子的小恶如果得不到及时纠正，就很可能会导致严重的

后果。

（3）以身作则，先约束好自己。

家长在帮助孩子进行自我约束的同时，也要约束好自身。父母是孩子的榜样，父母养成自我约束的好习惯在日常生活中就会对孩子产生积极的影响。时间长了，孩子也会效法父母自我约束的行为，形成自我约束的能力。这是一个很自然的过程，家长不要太过着急，要循序渐进、稳扎稳打。

（4）找出孩子不能进行自我约束的原因，对症下药。

孩子被诱惑所迷惑，一定有其原因。家长们要准确找出孩子不能进行自我约束的根源，从根本上解决问题。

综上所述，想要提高孩子的自我约束能力，需要家长在生活的点滴中锻炼与培养。自我约束是传统文明的思想精髓，孩子们尤其要传承。一个能够严于律己、自我约束的孩子，才是国家所需要的栋梁。

引导孩子学会情绪的自我调节

孩子常常会因为一丁点小事就乱发脾气，甚至会偷偷躲起来、离家出走，父母不得不动员全家人、邻居、朋友等四处寻找，一边担心孩子的安全问题，一边又为孩子的行为气愤不已。

哪怕父母或老师只说了一句批评的话，孩子就低头掉眼泪，沉默着什么话都不说，怎么劝都无济于事，搞得父母不敢说孩子一句不好，可长期这么下去也不是办法啊。

和小伙伴玩耍，完全是不能碰的“霸王龙”，暴躁易怒，时常会发生摩擦和冲突，不是欺负了这个小朋友就是欺负了那个小伙伴，甚至有攻击性倾向，有时候会把同学、伙伴打哭。

稍不顺心就对父母大吼大叫：“你们根本不爱我！”“我是亲生的吗？

你们怎么能这么对待我？”“我讨厌你们，你们为什么要生我？”诸如此类的话，让父母又伤心又气愤，更可气的是，孩子动不动就用不吃饭、不上学等来威胁父母。

孩子闹情绪是很多家长都会面临的问题，那么绝大多数父母都是如何处理孩子“闹情绪”的呢？值得注意的是，我们在一边责怪孩子情绪化的同时，也在用同样“情绪化”的办法来教育孩子。被孩子激怒后的训斥、打骂是最常见的处理方式，殊不知，这种“以毒攻毒”的教育办法只会让事情变得更糟，只会给孩子树立“恣意发泄坏情绪”的负面榜样。

在现实生活中，大部分家长并没有对孩子的情绪给予足够的关注和重视，认为“小孩子的情绪就像夏天的雷阵雨，来得快，去得也快，不必太过忧心”，觉得“孩子还小，情绪多变很正常啊，等长大就好了”。但事实果真如此吗？诚然，儿童由于尚未成年，情绪具有不稳定的特点，可是这完全不能成为我们漠视孩子情绪的理由。

情绪是我们对外界信息的一种正常反应，但如果情绪太过激动，不能及时地调整状态，冷静下来，那么往往会造成严重的后果。

科学研究发现，人在负面情绪状态时消耗的能量要比平时大得多，随着大脑能量的损失，自控力就会变得更加薄弱，最终促使人们做出“盲目”的行为——既伤害了他人，也给自己带来了麻烦。

任何一个成功人士都不会轻易被“情绪”所主宰，他们对自身的情绪都有着非凡的自控力。一个儿童时期情绪暴躁的孩子，随着年龄的增长，没有外界的教育和引导根本就不可能成为一个能够情绪自控的人。如果你不希望自己的孩子长大后成为情绪的“傀儡”，那就必须要积极关注孩子的情绪变化，及时给予科学引导，让孩子逐渐学会调节和控制自己的情绪。

那么，具体来说，身为父母，我们该如何引导孩子调节自己的情绪呢？

（1）耐心聆听。

孩子的愤怒、失望等负面情绪，并非是凭空而产生的，当孩子在念叨、倾诉生活学习中的小事时，请不要粗暴地打断他们，而应该心平气和地耐心聆听，哪怕孩子的做法令人气愤，也请保持平和。尤其是在处理孩子与其他小朋友的摩擦及冲突时，一定要先听孩子讲清楚事情的原委，不分缘由的训斥只会激化孩子的负面情绪。

（2）以身作则。

父母的情绪处理方式，往往会在潜移默化中影响到孩子。所以，要想让孩子养成调节不良情绪的好习惯就必须从自己做起。当父母为孩子设立了一个模板和榜样之后，孩子自然会从中学到原来坏情绪也可以“和平”消解掉；同时再进行谈心，加以引导，孩子自然能够逐渐学会调整、控制自己的情绪。

（3）自我减压。

孩子在成长过程中会遇到各种各样的问题：考试成绩下滑、同学挖苦嘲笑、伙伴的排挤、朋友的背叛……这些事件无疑都会给孩子脆弱的心灵造成沉重的压力与负担。父母要注意观察孩子的情绪状态，当发现他们情绪异常的时候，要及时引导他们通过倾诉、运动、听音乐等方式学会自我减压。压力少了，孩子情绪的稳定性自然也会变好。

放手才能让孩子管好自己的言行

让孩子管理好自己的言行，自己的事情自己做，父母们就要试着放手。父母管孩子，是出于对孩子的爱，是为了孩子能够健康成长。然而，管理要有度，超过限度的管理不仅不能让孩子健康成长，反而会伤害到孩子，让孩子成为父母手中的木偶。离开母雕的幼雕能够长出坚实的翅膀；离开母虎的幼虎，能够练出一身的本领。那么，离开母亲的孩子呢？

那些成功的母亲是这样教育她们的孩子的：

从孩子第一天上幼儿园起，她就开始训练孩子自己的事情自己做，从来不帮孩子穿衣，从来不喂孩子吃饭，也从来不帮助孩子上厕所。她允许孩子因为不会穿衣服而花费半天的时间；能够允许孩子因为吃不好饭而弄得衣服脏脏的；能够允许孩子因为脱不下裤子而一次次地尿裤子……这样的放手，仅仅持续了一周，孩子就全部都会做了。由此可见，离开父母的孩子是可以照顾好自己的。

一个周末，孩子要去学习作画。早上起床有些晚了，为了能够快点出门，孩子急急忙忙地收拾着自己所需的用品。而在一旁看电视的母亲并没有过来帮忙，她只是淡淡地提醒了一句：“好好检查一下，上课的地方有些远，千万别落下东西。”孩子漫不经心地回答“知道了”，然后就背起书包跑了出去。屋里的母亲轻轻叹了一口气，摇了摇头。果然，上课时孩子发现画笔落在了家里。没有画笔就不能作画，没有办法，孩子只好返回家中去拿。

也许有的人会说这位妈妈简直太过分了。她明明已经发现孩子忘记带画笔了竟然不告诉孩子。其实，这位妈妈只是希望通过这件事情让孩子吃点苦头、长长记性，而且自此之后确实再也没有发生过类似的事情。

许多事情就是这样，父母事事替孩子做好，那么孩子就会变成一个低能儿，永远也长不大。在父母的呵护下，孩子们根本就没有机会学会管理自己，因为有父母管呀。长此以往，父母一直这样管下去，孩子就会什么也不会做。从这个角度上讲，只有父母放手，孩子才能学会管理自己。

父母需要做到以下几点：

（1）让孩子自己穿衣。

从小训练孩子自己穿衣服，越小越好。即使孩子太小没有能力自己

穿好，这种自己穿衣的意识也需要孩子从小就有。

（2）让孩子独自整理物品。

孩子爱玩，玩具多在所难免。家长们不要帮助孩子将满屋子的玩具一件件都收拾起来，而是要让孩子自己收拾。在自我管理的能力中，收拾、整理东西是一项必备的能力。

（3）让孩子学会安排自己出门所需的用品。

对于年龄还小的孩子来说，做好这一点非常困难。我们也不要求孩子做到尽善尽美，但是这个习惯需要孩子从小适应、熟悉、习惯，在点滴的生活小事中及早播种。让孩子学着安排自己出行所需的物品实则就是在播种孩子对自己负责的种子。

（4）即使摔倒，也要让孩子自己走。

从孩子学会走路的那一刻起，就放手让孩子自己走路，也许孩子会经常摔倒，但是不要因此而去扶他，要让他自己爬起来。老人们常说："不磕不碰，孩子就长不大。"的确如此，孩子摔几跤没有关系，这是他学习走路的必经过程，家长不要代替他，否则孩子将永远学不会走路。

（5）让孩子独立购物。

为孩子购物时，最好让孩子自己挑选，自己去结账。孩子若不懂，家长可以教他，一遍学不会就教两遍、两遍学不会就教三遍，甚至一直教下去。这虽不是什么大事，却能训练孩子的沟通能力、分析能力和表达能力。

正如中国台湾成功大学前校长吴京所说的："希望孩子有出息，就要让他们有活力，能够持续不断地学习，要让孩子有一颗强烈的进取心。而进取心不是你牵着他走就能够练出来的。" 家长需要适时放手，要懂得自己永远都不是孩子的保护伞，且也保护不了孩子。家长应该是孩子身边一双陪伴、牵引他的双手，要放手让孩子去探索、去冒险。这样，孩子才能学会应有的生活技能，学会独立面对生活中的种种磨难。

自控力训练：让孩子远离拖延症

“毛毛，我们出去散步吧？”

“好呀。”

然后，在很长一段时间里，毛毛妈妈一直都在厨房里收拾厨具，而毛毛则在沙发上专心致志地看着动画片。等到毛毛妈妈收拾好厨房之后，说道：“毛毛，快点穿好衣服，我们要出去了。”然后，毛毛妈妈走进卧室开始换衣服。半个小时之后，毛毛妈妈终于打扮好了。走出房间看到毛毛依然在沙发上看电视，没有换好衣服也没有穿上鞋子。

“毛毛，你在干吗？这么长时间了，你为什么还没有收拾好自己！”毛毛妈妈大喊一声。

“马上，我这就穿衣服。”说着毛毛起身，一边走一边眼睛还紧紧盯着电视机。

“能不能快点？”毛毛妈妈又催了一遍。

“马上，马上。”说着，毛毛开始穿鞋子。由于注意力全部集中在剧情上，鞋子穿反了竟浑然不知。

最后，毛毛妈妈愤怒了，一把抓起遥控器将电视关了……

“毛毛吃饭了。”妈妈喊道。

“好的。”毛毛拿起筷子，一边将食物放进嘴里，一边看着手机里的消息。

“快吃吧，吃完饭再看。”毛毛妈妈提醒道。

“好的。”毛毛接着边看手机边吃饭。

一家人都吃完了，而毛毛才吃了一个饺子。毛毛妈妈生气了，大声说道：“有完没完，这顿饭你要吃到什么时候？”见到妈妈生气了，毛毛忙放下手机，开始认真吃饭……

这样的场景，家长们一定不会觉得陌生吧？这就是典型的拖延症状，应当引起家长的重视。对于这样的习惯，家长们千万不要觉得是件小事，时间久了，这样的习惯会影响孩子未来的生活和工作。而要想改变孩子拖延的习惯，家长可以借助于一样小工具——钟表。

孩子做任何事情都需要限制时间，如：

（1）上厕所。

“妈妈，我要上厕所。”孩子说道。

“你可以直接去呀，为什么要告诉我一声呢？”妈妈问道。

“因为在幼儿园里，上厕所就需要告诉老师。老师同意之后，才能去。”儿子说道。

萌萌哒，儿子的回答好可爱，妈妈决定不纠正孩子的这一报告习惯，“好吧，去吧，三分钟时间解决。”

果然，孩子三分钟不到就上完厕所了。

（2）吃饭。

“吃饭了。”妈妈说道。

孩子跑了过来，拿起筷子准备吃饭。妈妈立即阻止道：“吃饭的时候，电视机可以开着么？”

“哦，”孩子不情愿地关掉了电视机。

“对了，做事情要专心。十分钟时间吃完饭。”妈妈说道。

果然，孩子在十分钟之内就把饭吃完了。

（3）睡觉。

“你现在可以看一集动画片，看完之后，关掉电视机，自己上床睡觉。”妈妈说道。

“遵命。”孩子高兴地亲了妈妈一口，蹦蹦跳跳地打开了电视机。

没过多久，孩子果然主动关掉电视机，上床睡觉了。

由此可见，孩子的拖延症完全可以利用钟表来解决。时间久了，孩子的习惯也就养成了。在这个过程中，需要孩子有一定的自控力，说到做到，不能一再放纵自己，如看完一集还想看第二集，从而久久不能上床睡觉。这样一来，孩子拖延的习惯就很难纠正了。因此，在利用钟表这个小工具的同时，家长还需要做好以下事情——

（1）鼓励孩子，表扬为主。

当孩子按照要求在规定的时间段里完成了任务，家长不要吝啬表扬孩子的语言，要把孩子夸奖一顿，将孩子高高“架起”，让孩子觉得不好意思不按要求做。

（2）事先征得孩子的同意，双方达成协议。

和孩子商量好看一集电视剧就去睡觉。等到孩子看完之后，如果他提出还想再看一集时，家长就需要坚持立场，并搬出“你事先已经同意，需要说到做到”这一尚方宝剑。那么，孩子便不得不控制自己的欲望，坚守承诺了。

（3）坚持坚持再坚持。

任何好习惯的形成都不是一朝一夕的事情，但是毁掉一个好习惯却是瞬间的事情。为了能够保持孩子的好习惯，家长和孩子都需要坚持、坚持、再坚持，不可半途而废、前功尽弃。

让孩子管好自己的“省心”教育法

现在流行一种新的家庭教育法，叫作省心教育法。顾名思义就是说家长们省点心、放开手，不替孩子做太多，反而有利于孩子自食其力、管理好自己。

现在一对父母大多数只有一个孩子。面对着稀少、珍贵的一枚宝贝，家长们可以说是将全部的爱都献给了孩子。从出生到上学到步入社会，参加工作，再到结婚生子，只要父母还有一口气，都要替儿女操心、包办。

这就是现在大多数家长的心态。

然而，让我们来看一看那些让父母操了一辈子心的孩子们的结局。

“听说了么？张老三家的二波，就是那个去年考上重点大学的孩子退学了。”

“怎么回事呀？”

“听说是孩子适应不了，没办法一个人在外面生活。说是连叠被子都不会，更别提换洗衣服了。”

“什么，那么聪明的孩子连这都不会，那不成傻瓜了么？”

“可不是嘛，好不容易考上了那么好的大学，最后竟然是这样的结局，孩子也可怜。”

“最可怜的还是父母，听说为了供二波读书，张老三两口子每天都去砖厂里背砖，累得老三媳妇都得腰间盘突出了。”

“是么，那个病说是严重的话会瘫痪的，这可真是可怜呀。”

邻居们纷纷议论着……

为了供孩子读书，父母们吃尽了苦头，特别是家庭条件不好的父母，甚至还为此付出了健康。可是，他们没有培养出能够管理自己的孩子，事事替孩子办，让孩子养成了依赖父母的习惯，不能独立生活。这样的孩子没有照顾与管理自己的基本能力，即使他们拥有通往美好未来的机会也不能把握住，因为他们离开父母就无法生活。这样的结局根源在于家长，自然恶果也只能由其独自品尝了。

为了培养孩子管理自己的基本能力，家长们一定要学会“省心”。

首先，从思想上放下，不要再担忧、牵挂孩子了。

俗话说：儿孙自有儿孙福。孩子们的事情让孩子们自己去处理。无论是处理好了还是处理坏了，都应让孩子自己去处理，这是孩子积攒经验的必经环节。家长不要越俎代庖，剥夺孩子磨砺、锻炼的机会。

其次，现实生活中真正做到省心、不管。

当思想做好准备之后，就需要行动了。让父母眼睁睁地看着孩子吃力地做事情，不去帮助，的确心里有些不舒服。但是，为了孩子的独立，父母们必须要这么做。应多学学国外的父母，他们从来都不会为孩子做太多。孩子到 18 岁时，就需要向家庭支付生活费，这在他们的文化中是非常正常的事情。而在中国，孩子永远都是孩子，即使到了 80 岁，父母依旧想要为他们操心。这种舐犊情深的亲情令人感动，但是这种行为却不值得提倡。家长对孩子的爱要理智，要着眼于孩子的未来。没有任何一位家长可以照顾、管理自己的孩子一辈子，孩子终究需要去独立面对他们自己的人生。

最后，需要告诉家长朋友们，不要将自己的全部精力和情感都寄托在孩子身上，我们还有自己的生活，还有很多很多事情等待着我们去做。过自己的生活，放开孩子，也让孩子过自己的生活。

孩子的人生需要他们自己去面对。在此之前，帮助孩子学会基本的技能是确保孩子生活幸福的保证。只有经历过挫折的孩子，才懂得如何避免摔跤；只有经历过失去的孩子，才知道如何珍惜现在所拥有的；只有经历过失败的孩子，才有绝地反弹的勇气及智慧……因此，家长们，放开你们的双手把，不要再限制孩子了，让他们去飞、去闯、去经历风雨的洗礼吧！

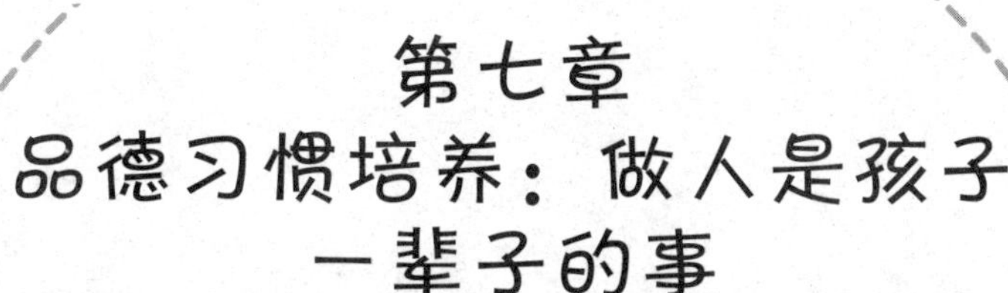

第七章 品德习惯培养：做人是孩子一辈子的事

品德是一个人的立身之本，孩子品德高尚，自然能够受人尊敬，得到大众的认可与接纳，从而拥有更灿烂的人生、更平坦的未来。

感恩品质：言传身教的教育最有效

记得有这样一则公益广告——一位母亲带着真诚的微笑为她的母亲端来一盆热水，缓缓蹲下，轻轻地为母亲洗脚。这位母亲和她的母亲脸上都洋溢着幸福的微笑，因为他们都觉得温暖。一个年幼的孩子在一旁，静静地看着眼前的一切。然而，孩子同样泼泼洒洒地帮助自己的母亲端来了一盆洗脚水。当孩子稚嫩的脸上挂满汗珠，并喊出“妈妈，洗脚”的时候，我们都感动了。

是呀，传承是最好的教育。随着生活水平的提高，很多孩子得到了父母、爷爷奶奶、叔叔阿姨等人无穷无尽的关爱。看着公园里的一对对老人，脸上洋溢着最慈祥的笑容看着自己的后代们，这个答案是多么准确——他们为孩子献出了全部爱心。那么，反过来呢？孩子对这一切，懂得感恩么？

主持人提问：“谁能回答我，你们的爸爸妈妈记得你们的生日么？”

孩子们异口同声地答道：“记得，爸爸妈妈从来都没有忘记过我们的生日。”

“哦，那么爸爸妈妈都怎么给你们过生日呀？”主持人又问道。

这一次，答案却是五花八门了。有的小朋友说“给我买了一个大生日蛋糕”，有的说“带我去游乐场了”，还有的说“给我买一个芭比娃娃”，等等，孩子们的生日礼物可以说是花样繁多，家长们也是挖空心思地带给孩子快乐。

接着，主持人故意咳嗽了一声，问道：“哪位小朋友知道自己父母的生日是哪天呢？”

这个问题一出，场上顿时间便鸦雀无声。孩子们你看看我、我看看你，谁也回答不上来。

看到这一幕，场下刚刚还欢声笑语一片的父母们也都安静下来了，若有所思地沉默了。

“孩子们，父母给了你们最真诚的爱，他们养育了你们，把自己的一切都给了你们，为什么你们连他们的生日都记不住呢？难道你们只知道一味地享受父母的关爱，而不知道感恩、不懂得回报么？小乌鸦尚且懂得反哺老乌鸦，聪明伶俐的孩子们，你们又做了些什么呢？”说着，主持人转过身来，面对着台下的父母，意味深长地说道：“家长朋友们，孩子们今天的表现你们满意么？对于孩子们的行为，你们又该负何种责任呢？”

是呀，乌鸦尚且反哺，但我们的孩子是怎么了？这个问题值得每一位家长深思。教会孩子感恩，让孩子成为一个心中有爱的好孩子吧，家长朋友们不要再犹豫了，正如前面提到的公益广告——传承是最好的教育方式。

（1）言传身教，感恩自己的父母，有助于让孩子学会感恩。

家长作为自己父母的子女，孝敬父母是应该的。有好吃的东西要想着老人，经常看望、关心老人，帮老人洗洗涮涮，经常带着老人出去游玩，家长的这些行为，孩子都会看在眼里记在心中，久而久之，孩子耳濡目染，便会逐渐养成孝敬父母的好习惯。

孝心是中华民族的传统美德，是需要国人一代一代传承下去的。想要孩子成为一个有孝心的好孩子，作为家长，我们首先应孝敬自己的父母。

（2）言传身教，感恩自己的伴侣，有助于孩子学会感恩。

夫妻是家庭的主要成员。父母之间如何相处，直接影响到了孩子的情感成长。因此，家人之间、夫妻之间友好相处、互相帮助，有利于孩子将来合理处理自己的家庭问题。

诚实品质：不撒谎才是好孩子

最近发现了一个现象，不免让哲哲妈妈有些担心——儿子开始说谎了。

小孩子总是爱犯懒，随着年龄的增长还总是不断地为自己争取犯懒的机会。

“妈妈，哲哲今天不洗脸了好不好？”“当然不行了，必须要天天洗脸，经常洗手。”这样的对话，从孩子能够独立洗漱开始就不断地出现在哲哲妈妈的家庭生活中。这一天睡觉前，哲哲妈妈问儿子：“你洗漱了么？”儿子坚定地说道：“洗漱了，姥姥帮哲哲洗的。”看着儿子坚定的样子，哲哲妈妈在心里已经相信了他。

为了能够更加确定孩子没有欺骗自己，哲哲妈妈带着询问的眼光看了看母亲。母亲轻轻地摇了摇头。答案已经有了，孩子说谎了。哲哲妈妈的心一下子紧张了起来，是什么原因导致孩子开始说谎的呢？面对说谎的孩子，哲哲妈妈应该怎样教育呢？

哲哲妈妈问儿子：“为什么说谎呀？明明没有洗脸，为什么要说姥姥帮你洗了？”儿子立即狠狠地瞪了姥姥一眼，意思是质问姥姥：“为什么出卖我，不帮助我一起说谎？”看着眼前的一幕，哲哲妈妈也不知所措了。

众所周知，诚实是孩子们通往成功的重要品质。不诚实的孩子终将会为自己的行为付出惨痛代价。那么，不诚实会付出什么样的代价呢？

不诚实会降低孩子的诚信度，让孩子的人格受到质疑。

“考上哪所大学了？”高考之后，很多人都会问孩子这个问题。一些考得不理想的孩子会说：“挺好的，大学不错，是个重点。”然而，天下没有不透风的墙，很快人们就会知道这个孩子说谎了，大家会在心里鄙视他。其实，考试只是人生关键几步中的一步，考不好没有关系，更没有必要欺骗别人。生活是自己的，高兴与痛苦只能自己承担，按照自己的规划好好生活就够了。为了他人一瞬间的夸奖而让自己陷入说谎的困境中，又何必呢！

很多时候，因为一个人长期说谎的行为，人们对他的信任度几乎降为零了，当这个人真的需要他人的帮助，向他人救助时，别人也会认为他在说谎而拒绝帮助他。如此一来，这个说谎的人可能会因为说谎而失去很多很多重要机会。

因此，作为家长，我们不能纵容孩子的说话行为，应从小培养孩子诚实的品质，这就要求家长注意以下几点：

（1）以身作则，首先自己要以真面目示人。

社会很复杂，已经有了一些经历的成年人，出于各式各样的原因总是会将自己伪装起来，不愿以真面目示人。这在无形中会影响到孩子的性格取向，导致孩子爱说谎。是什么样子就表现出什么样子，需要改进，我们就去改进，不要顾虑其他。生活原本并不复杂，只是人们把它想复杂了，不仅自己不能幸福还会觉得很累。当人们放下伪装的面孔，以真面孔示人时会发现，真实其实很好。

（2）勇于说真话。

任何一个谎言都需要更多的谎言来维持，终有一天，我们会被这无数的谎言所压垮。告诉我们的孩子，想不出更好的答案时，说真话是最好的解决方法。

没有人能够应对说谎带来的后果，因为任何谎言背后总是有更多的谎言。谎言多了，担心就多。整日心惊胆战地生活可以击垮任何一个意志坚强的强者，更别提孩子了。因此，作为家长，要从小培养孩子说真话的勇气，尽管真话可能会让孩子受到一些惩罚，但是远比后果到了不可收拾的地步更能让人接受。另外，及时说出真话，及时发现问题，及

时纠正问题，对孩子的成长也非常有利。

（3）防微杜渐，重视孩子一个不起眼的说谎行为。

人之初，性本善，没有任何孩子一出生就是邪恶的。很多不良的习惯，都是从微不足道的小毛病发展起来的。作为家长，在发现苗头的时候就要及时、坚决地纠正，等到事态发展到不可控的地步再去纠正就已经晚了。

（4）了解孩子说谎的根源，从根本上解决问题。

一味地控制孩子说谎的行为是盲目的，要了解孩子为什么说谎，找到根本原因，有针对性地解决问题。正如事例中的孩子，其之所以说谎是为了躲避洗漱。作为家长，需要了解一下孩子为何躲避洗漱，是因为玩了一天累了还是因为害怕水进到眼睛里，从而对症下药，从根本上解决孩子的问题，纠正其说谎的恶习。

诚信品质：做人要言而有信

做人一定要言而有信，这是为人处世的基本品质，是一种高尚的品质和情操。“言必行，行必果”，体现了对他人的尊重，也体现了对自己的尊重。孩子们一定要养成言而有信的好习惯。“言而有信”是中华民族的传统美德，自古就有不少能人学者将诚信描绘成“一诺千金”“君子一言，驷马难追”。古人们信誓旦旦地传承这诚信，足见诚信在立身处世中的重要性。

李扬是一个非常讲诚信的孩子，在小学毕业的时候，李扬和同窗好友张科站在学校门口久久舍不得离去。张科说：“李扬，我是插班生，因为我的妈妈需要照顾年迈的姥姥才来这里上学的。现在我要回到自己家了，我的家在千里之外的广东，估计我们今生也无缘再见了。”说着，张科难过得掉下了眼泪。李扬拉着张科的手说：“兄弟别难过，我们是好朋友，一辈子都是好朋友。等到三年之后，中考结束时，我一定会去看你的……”

时间过得真快，一眨眼三年过去了。中考结束之后，李扬就对父母说：“爸爸妈妈，我曾经在三年前对张科许下过一个承诺，答应他中考结束后去看望他。现在中考已经结束，我必须履行自己的承诺。”听完孩子的讲述，李扬的父母表扬了孩子，他们对李扬说道：“孩子，你这样做是对的，男子汉就必须言而有信。尽管咱家的条件不好，但是爸爸妈妈也非常支持你去实现自己的承诺。”就这样，李扬在父母的陪同下来到了张科的家乡。两个孩子如约见面，紧紧地拥抱在了一起。孩子们的父母也激动地拥抱在了一起。从此，两家人常来常往、生活上互相帮助，相处得像亲人一样。

李扬遵守承诺的事情，被同学们传播开来，很多人都因此而高看李扬，愿意与他交朋友。生活总是愿意照顾那些遵守承诺的人，事例中的李扬因为信守承诺而结识了很多好朋友，人际关系特别融洽。

言而有信是立身处世之道，是一种非常高尚的情操，能够为自己赢得很多机会。因此，孩子们必须要养成言而有信的习惯，在生活上或是学习上必须做到说话算话。无论是对老师、同学还是对家长、亲朋，都不能随便许诺，而一旦许下诺言就必须履行。人生没有任何事情比说话不算话更加让人失望的了。失信于人的后果就是别人不再相信你，不再愿意和你真诚相对，不再愿意与你共事。长此以往，势必会身单力薄，得不到任何人的帮助。试问，一个孤军奋战的孩子，在如今这个竞争激烈的时代里能够走多远呢？

因此，作为家长，我们一定要帮助孩子养成言而有信的好习惯，具体做法如下：

（1）增强孩子的责任感，多为他人着想。

失信于人的根源在于孩子对他人的不重视、不在乎，认为失信于他人没有什么了不起的，这是典型的缺乏责任感的表现。作为家长，我们需要从小教育孩子懂得设身处地地替他人着想，既对他人负责也对自己

负责。如果一个孩子丝毫不懂得尊重别人、替他人着想，那么不要说是那些毫无血缘关系的旁人，即便是自己的亲人也会渐渐疏远他。没有任何人可以脱离群体而独立生存在这个世界上。因此，我们的孩子一定要学会为他人着想，不能失信于人。

（2）不轻易许诺，说话办事要谨慎。

话说出去了就必须做到，但是很多事情能不能做成功却不是由人的主观意愿决定的，其中存在着很多不确定因素。因此，家长们需要告诫我们的孩子说话要严谨，不要轻易许诺。

（3）不要诱导孩子许诺。

很多家长总会在无意识中问孩子："等你长大了给妈妈买大房子好不好？"孩子天真地回答道："好的。我给妈妈买大房子。"这样无心的一句话，家长可能并没有打算真的让孩子给自己买大房子，却极有可能陷孩子于失信的坏习惯中。很多孩子在对父母说出这句话时并没有想过要实现它，只是为了哄父母开心而已。这便在无形中诱导了孩子轻易许诺的行为。

家长们一定要从小事抓起，在点滴中培养孩子言出必行的好习惯，让孩子在潜意识中认定失信是可耻的、是非常痛苦的，帮助孩子成长为一个讲诚信的好孩子。

自尊品质：请保护好孩子的自尊心

"你真笨，长大了能做点什么？""去去去，别烦我，一边玩去""别废话了，赶紧去""什么都做不好，你看看人家"……在说这些话的时候，家长们，你们有没有考虑过孩子的自尊心。请立即停止这种无心的伤害吧，好好保护孩子的自尊心！

一个叫小明的孩子非常贪玩，做作业总是不认真、经常出错。小明爸爸是个非常严肃的人，看着儿子错误连篇的作业，他愤怒地指着孩子大骂："你这个笨蛋，做个作业出这么多错儿，真没出息。"久而久之，小明有些害怕做作业了，因为爸爸的指责让他觉得很痛苦。于是，小明开始不写作业了。

在父亲的辱骂之下，小明的自尊心受到了很大伤害。为了防止出错，在一次考试中，小明竟然一题未答。老师觉得很奇怪，仔细询问之后，找到了根源。老师将小明的父母叫到学校，介绍了小明的现状之后，指出了小明爸爸的不当行为，并要求他向孩子道歉。

在老师的教导下，小明爸爸也认识到了自己的错误，他主动向孩子道歉。接着，老师做了一件令所有人都很吃惊的事情——老师对小明说："老师知道你是最棒的，这些题目你都会做，现在你能重新做一遍么？"在老师鼓励的眼神下，孩子终于拿起笔，认认真真地做了起来。

小明做完之后，交给了老师。老师认真地阅读之后，将试卷递给了小明。小明惊讶地发现，每道题的后面都打着对勾，卷子上清清楚楚地写着一百分。就这样，小明当着家长和老师的面重新补考了一次。这次补考对小明而言，不仅仅是成绩的重新计算，更是孩子自尊心的重新建立。看着试卷上醒目的一百分，小明欢快地蹦了起来，脸上重新洋溢出孩子应该有的灿烂。

什么是笨，笨的标准是什么，什么又叫没出息？家长们在给孩子打上这些标签时，有没有想过自己的行为会带给孩子怎样的伤害？！家长们的一些不当行为，对孩子的心理暗示起到了极大作用。孩子们会根据家长的行为、言语来评估自己。孩子做一件事是否成功，不仅受其自身因素影响，同时还受周边环境和他人的影响，尤其是父母。作为孩子的直接监护人，家长应该怎样保护孩子的自尊心呢？

（1）不要让消极暗示侵犯孩子的自尊心。

在日常生活中，类似"你真笨""做什么错什么""我怎么生了你呀"

等等之类的话不要对孩子讲，否则会在孩子的心里种下自卑的种子，深深地伤害孩子的自尊心。在与孩子的接触中，面对各种突发状况，家长都应保持冷静和理智，慎重处理，既要及时纠正孩子的不良习惯，又要保护好孩子的自尊心。因为，孩子远比我们想象的更加敏感与脆弱。

（2）优秀的孩子是鼓励出来的，不是羞辱出来的。

对孩子的教育绝对不能掺杂羞辱的成分，要多鼓励。只有鼓励才能让孩子相信自己能够做好，只有鼓励才能让孩子更具信心，也只有鼓励才能让孩子变得更优秀。羞辱对孩子的成长有百害而无一利，它会深深伤害孩子的自尊心。孩子没有成年人坚韧，他们不懂也做不到知耻而后勇，自尊心一旦受到伤害，孩子便会变得很自卑、很暴躁。一个充满了自卑和暴躁情绪的孩子，他们会做出很多伤害自己和他人的蠢事来。因此，家长要懂得保护孩子的自尊心，不要在无意中羞辱孩子。

（3）帮助孩子树立正确的荣辱观。

对于孩子而言，保护自尊心的最好方法就是树立正确的荣辱观，形成强大的自我保护，这样才能抵抗来自外界的各种干扰因素。应科学教育孩子，让孩子认清哪些行为是可耻的，哪些行为是高尚的。

研究表明，在成长过程中得到家长尊重的孩子，其自尊心会比较好。因为家长尊重孩子，从而保护了孩子的自尊心，让孩子的自尊心得以健康地成长，避免自尊心太弱导致自卑、自尊心太强导致自负和虚荣。因此，在育儿过程中，家长应放低姿态，与孩子平等沟通，不要居高临下命令、斥责孩子，要适时让步，给孩子留出面子来。

同情品质：培养孩子的同情心

同情心是人类的重要情感之一，具有同情心的孩子更能体会他人的感受，更能包容、体谅他人，更容易建立良好的人际关系、拥有幸福的人生。同情心不是一朝形成的，需要长期的、潜移默化的熏陶，从外入内，在孩子的潜意识中形成。在这个过程中，父母是孩子的启蒙老师，需要重视孩子的情感发展，抓住生活中的所有细节，丰富孩子的情感，帮助孩子培养出同情心来。

在一个温暖的午后，欢欢和爸爸在郊区的公园里散步。看着眼前鲜花灿烂、绿树成荫的迷人景致，欢欢和爸爸有些流连忘返。

忽然，欢欢大叫道："爸爸，爸爸，你看那边的那位老太太多好笑。"顺着女儿手指的方向望去，只见一位白发苍苍的老人，穿着厚厚的冬衣，一只手扶拐杖，另一只手颤颤巍巍地想要摘一束花。

"年纪这么大了，还想要摘花，看她的样子似乎走路都有些困难了。"听着女儿的话，父亲脸上的微笑消失了，他狠狠瞪了一眼女儿，快步走到老人的身边，问道："老人家，您想要做什么？我可以帮助您。"老人抬头看了看欢欢爸爸，说道："我想要摘一只花，今天是我那老头子的生日，他瘫在床上 10 年了，不能出屋，就想看看春天里的鲜花。"看着老人眼睛里打转的泪花，欢欢爸爸难受极了。他将老人扶到座椅上坐下，转身走到花丛中摘了一束美丽的鲜花，对老人说道："我送您回家吧。"老人点了点头。

之后，欢欢和爸爸在谈起这件事情时，爸爸总是责备欢欢没有同情心，他对欢欢说道："天气那么热，那位老人还穿得那么多，肯定是身体不好。颤颤巍巍地想要摘一束鲜花，随时都有摔倒的可能，你不仅没有要帮助老人家的想法，反而去嘲笑老人家，太没有同情心了。"

欢欢默默地低下了头，她觉得爸爸批评得对，她需要好好反省一下自己。

事例中欢欢的行为并不是一个特例，现在的很多孩子都缺乏同情心，

如公共汽车上一些孩子从不给老人让座。这种现象不得不让人担忧，孩子们是祖国的下一代、未来的希望，他们如果缺乏同情心，社会上还会有爱么？作为家长，我们有责任培养起孩子的同情心来。

（1）不要扼杀孩子的同情心。

很多小朋友都非常有同情心，如他们不愿意妈妈杀鱼，会因为妈妈杀鱼而痛苦；看到别的小朋友哭泣也会跟着伤心。这些都是孩子同情心的表现。作为家长，我们不应该因为孩子的这些行为而训斥孩子，否则便会扼杀孩子的同情心。

（2）潜移默化地影响孩子。

想要培养孩子的同情心，家长首先应以身作则，富有同情心。这样才能在生活中潜移默化地影响孩子的情感世界。

（3）面对孩子的破坏行为，家长要采取怀柔战术。

经常会看到草坪中的这些提示：“不要踩我，我怕疼。“这是一种非常好的方法，会让很多行人都脚下留情。对于正在实施破坏的孩子，家长也可以采用这个方法，告诉孩子：“不要再摔它了，它快哭了。”这样更容易激发起孩子的同情心。

（4）鼓励孩子多帮助他人。

例如，在生活中，看到小朋友摔倒，家长可以鼓励孩子去帮助一下他们，让孩子在帮助他人的过程中建立起同情心。

（5）经常向孩子求助。

家长也有需要帮助的时候。这时，我们可以向孩子求助，告诉孩子自己的状况，让孩子感受到自己是被需要的，让孩子有机会表现一下自己的同情心。

著名教育家陈鹤琴先生说过：“同情行为在家庭里、在社会上都是一种非常重要的美德。若家庭里没有同情行为，那父不父、母不母、子不子，家庭就不能称其为家庭；若社会上没有同情行为，尔虞我诈，每个人都十分自私，社会也称其为社会了。”由此可见，家长们一定要从小培养孩子的同情心。

爱心品质：带孩子去参加慈善活动

康康妈妈的单位总是会不定期地举办一些慈善活动，例如帮助孤寡老人、看望贫困山区的小朋友、给孤儿院里的孩子送温暖等等。每当有这样的慈善活动时，妈妈总是会带着康康一起前往。

今天，康康和妈妈一起前往贫困山区，去看望那里的小朋友。车刚停下来，康康便就迫不及待地跳了下来，看着路边一个个脏兮兮的小朋友，康康愣住了。寒冷的冬日里，孩子们的身上只穿着薄薄的一层单衣，而且还是补丁套着补丁，脚下的鞋子也都开着口，小脚趾冻得通红通红的。车上的叔叔阿姨们赶忙陪着孩子们进屋。而屋里的情景更是让人不忍直视，窗户用破塑料勉强封住，个别破洞的地方北风呼呼地往里灌。孩子们上课没有桌椅，就坐在地上听老师讲课。

康康从来没有见过这样可怜的小朋友，他从书包里掏出了给小朋友带来的礼物，有棒棒糖、巧克力、铅笔、橡皮和康康最喜欢的米老鼠玩具。他将这些礼物全部都送给了这里的小朋友，并对妈妈说：“妈妈，我以后再也不乱花零花钱了，我要攒钱，下次来多给小朋友们带些礼物。”看着儿子真诚、坚定的眼神，妈妈点了点头。

如今的孩子大多都是独生子女，过着“饭来张口、衣来伸手”的幸福生活，整天被各种关心、爱护包围着。家长们想方设法地满足孩子的一些要求，孩子们在家里独特的地位让其缺乏分享和照顾的对象。久而久之，他们便不会懂得如何照顾别人、如何关心别人。在这样的家庭教育下成长起来的孩子们最大的特点就是缺乏爱心。在他们的心里只有自己，不能与其他伙伴友好相处，经常会发生打

架的现象，严重影响到了孩子的情感发展。因此，“爱心”教育迫在眉睫。

孩童时期是一个人性格、品质定型的重要时期，该如何引导孩子充满爱心、完善情感世界呢？

第一，家长应该用自己的实际行动来影响孩子，让孩子充满爱心。

父母是孩子的第一老师，是孩子的榜样。想要让孩子充满爱心，首先父母就必须充满爱心，用自己的实际行动在孩子幼小的心灵深处种下爱的种子，让孩子从小学会关爱他人，关心身边的亲人和朋友。

第二，为孩子营造和谐的家庭环境。

家庭是孩子的第一所学校，家庭环境是否和谐直接影响着孩子的情感发展。和谐的家庭环境有助于孩子爱心的成长，不和谐的家庭环境会让孩子长期处于一种焦躁不安的不良情绪中。这样的家庭环境熏陶出来的孩子往往更具攻击性，对他人缺乏信任，为人处事冷漠无情、缺乏爱心。也许在这些孩子看来，这个世界并不美好，处处充斥着暴力和粗俗，因此他们对这个世界缺乏爱。一个没有爱心的孩子，又怎么会拥有他人对自己的爱呢？没有爱，又何言幸福呢。

因此，作为家长，既然我们将孩子带到了这个世界上，我们就要对孩子负责任，给孩子一个完整、幸福、和谐、温馨的家庭环境是我们最应该做的事情。只有这样，孩子的情感才会健康地发展，才会充满爱心，才能过得幸福。

第三，良好的校园环境。

学生时代，孩子的大部分时间都是在学校里度过的。因此，优良的校园环境对孩子的影响也很大。学校不仅仅是孩子完成学业、学习技能的地方，也是孩子成人的地方。孩子的思想品德教育也是学校教育的重点。因此，家长在为孩子择校时应综合考虑学校的各个方面，不要只关注学校的升学率。要知道，就孩子而言，成人比成才更重要。

第四，周围的生活环境。

周围的生活环境主要是指周围的朋友、邻居、商业及各种社会活动场所。这些都是孩子每日都需要接触的环境。净化周围的环境，让孩子在健康、和谐的大背景下成长，对孩子的爱心成长非常重要。古有孟母三迁，那么今天作为家长，我们依然可以效法古人为孩子提供一个良好的成长环境。

对孩子进行爱心教育是家庭教育的永恒话题，也是保证孩子健康成长的基本工作。培养孩子的爱心对孩子的心理健康会起到促进作用。孩子们就像一个个小天使，需要家长们百般呵护及正确引导，只要在孩子的心灵深处播下爱的种子，就一定会收获爱的果实。

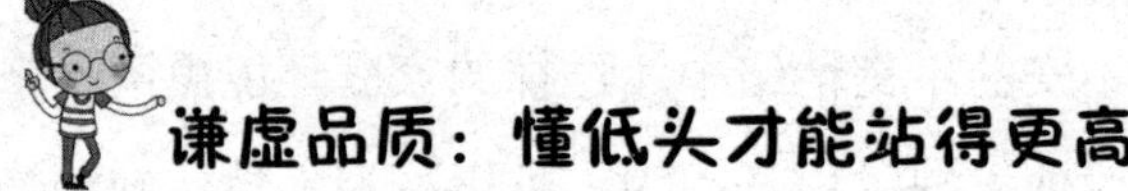

谦虚品质：懂低头才能站得更高

该怎样培养孩子谦虚的品质呢？圣贤常常教育我们：“谦虚使人进步，骄傲使人落后。”骄傲的孩子会给自己的双眼蒙上一层眼罩，看不到更高、更远的地方，变得自私狭隘、目中无人、见识短浅。即使一个人非常优秀，在某些方面的造诣很深，他也不能骄傲自大。因为，仍然有很多知识是他不知道的，需要他低头学习，向他人请教。谦虚，是一种美德，是人们不断进取的一种态度。“生命有限，学海无涯”，任何一个具有谦虚品质的人都有进步的动力，都会不断进步。

兰兰是个漂亮可爱的小女生，不仅成绩优秀，家庭条件也很好。兰兰的父母都是做大生意的，经济条件非常好，所以从小兰兰就在一堆名牌衣服中长大。在学校，兰兰是班里的“文艺骨干”，是同学们眼中的小明星；在家里，兰兰是父母的掌上明珠，集万千宠爱于一身。在这样的环境下，兰兰开始自命不凡了，她变得有些狂妄自大，骄傲的情绪不断膨胀。只要一有机会，兰兰就会显摆自己、贬低他人，惹得其他同学

都非常不喜欢她。

一次，一个小朋友问了兰兰一个问题。没想到兰兰竟然大声说道："你可真笨呀，连这个问题都不会，笨死了。"结果，这名同学生气了，说道："你这个人怎么这么没有礼貌，我不过是问了你一个问题，你竟然如此不尊重别人，难怪大家都不喜欢你，你的确挺讨厌的。"说完，这名同学从兰兰手中扯回作业本离开了。班上的同学也纷纷指责兰兰，有的同学甚至挖苦她道："有什么了不起的，以为自己是谁呀。"气得兰兰大哭了起来。

接着班里开始选班长，兰兰一直都是班里的班长，但这一次她落选了，而且输得很惨，全班同学竟然没有一个人投她的票。看着其他几名竞选人的名字下面都横七竖八地画着计票的标记，而只有自己的名字下面一个标记都没有，"干净"得让兰兰无限尴尬。

回到家里，兰兰伤心地哭了起来，连晚饭都吃不下去，边哭边嘟囔着："为什么不选我呀，他们的能力都没有我强，凭什么都不选我？"兰兰的爸爸听完兰兰的讲述后，明白自己孩子的身上出现了问题——孩子有些骄傲，总是瞧不起同学，那么同学们又怎么会喜欢她呢。他耐心地向孩子分析缘由，含蓄地指出了兰兰的毛病。兰兰听完之后，羞愧地低下了头。

骄傲是一种不良的心理状态，作为家长，我们应该给予孩子正确的引导，使孩子养成谦虚的品质。那么，父母应怎样培养孩子谦虚的品质呢？

（1）让孩子认识到骄傲的危害和谦虚的好处。

培养孩子谦虚的品质，首先需要向孩子讲清谦虚和骄傲对孩子成长的不同影响。谦虚使人进步，骄傲使人落后。谦虚的人时刻都保持着空杯心理，不自满，总会不断地学习，充实自己；而骄傲的人则自大自满，总是高看自己，觉得谁都不如自己，看不起身边的人，看不到他人的优点，不屑于向他们学习。因此，他们不仅不会进步，还会倒退。

除此之外，谦虚的人更容易建立起良好的人际关系来。因此，他们懂得尊重他人，有亲和力。而骄傲自大的人，则总觉得高人一等，看不起身边的人，导致人际关系很糟糕，得不到大家的喜爱与认可。

这就是谦虚与骄傲的区别。

（2）教会孩子客观评估自己。

任何人都有自己的优点和缺点。对此，每一名孩子都应客观、全面地认识到，自己的优点再多，也有不如别人的地方。别人的缺点再多，也有值得自己学习的地方。培养孩子谦虚的品质，首先应该让孩子学会客观地评估自己，看到自己的不足之处，看得见他人的过人之处，取长补短，不断进步。

山外有山，人外有人。带孩子多见识见识外面的世界，开拓孩子的视界，才能让孩子认识到自己还差得远呢，才能避免盲目的骄傲，避免孩子成为井底之蛙。

善良品质：教孩子做一个善良的人

现如今，家长们更重视孩子的身体是否健康、智力发展是否良好，而很少有家长关注孩子是否具有善良的品质。著名教育家苏霍姆林斯基曾说：“善良的情感是良好行为的肥沃土壤。”对于孩子而言，成人远比成才更重要。

针对现状，我们对家长们提出五点建议：

（1）让孩子懂得关心亲人。

在孩子成长的过程中，教育孩子做一个善良的人应成为家庭教育的重点。情感教育的第一步，家长应该让孩子懂得关心别人，平衡自己的需求与他人的需求，让孩子明白不能只想着自己，也要惦记他人。例如，

在日常生活中，很多孩子有好吃的只顾自己吃，而不愿意分享给自己的亲人和朋友，爸爸妈妈吃一点都不行。这种现象需要家长从小加以纠正。很多家长对孩子吃独食的习惯不以为然，认为孩子还小，等到他大一点就懂得给家人吃了。这个想法是错的，如果在孩子小的时候没有得到及时的纠正，等到孩子长大之后就更不懂得关心家人了。一个不懂得关心他人的孩子，是不会成为一个善良孩子的。

（2）让孩子学会关心更多的人。

大多数孩子对自己的家人都有一定程度的关心，然而这却是不够的。作为家长，我们应该引导孩子学会关心更多的人，如老师、同学、朋友。在平日里，家长可以从与孩子平等的沟通中获知孩子身边人的情况，鼓励孩子多帮助需要帮助的朋友、多关心生了病的朋友，可以通过探望、打电话慰问等方式进行。久而久之，孩子们就会学会关心更多的人了。

（3）让孩子学会感恩。

父母养育孩子，付出了很多很多。作为子女，我们应该懂得感恩父母；老师教育学生，传授了很多知识，同样付出了很多很多，作为学生，我们应该懂得感恩师长；有了朋友的陪伴，才有了很多快乐，作为朋友，我们应该感恩朋友……人这一生需要感恩很多人，没有这些人的付出就不会有今天的我们。让孩子学会感恩是幸福的开始。一个不懂感恩的人，他的心里就没有爱，更不会成为一个善良的人。

（4）培养孩子的同情心。

“只要人人都献出一点爱，世界将变成美好的人间。”人在社会中生活，从来都不是独立的，需要大家互相帮助。互相帮助的基础在于有同情心。例如，汶川大地震发生后，很多志愿者自发组成了团队前往灾区，去帮助那些受难的同胞。这些志愿者的身体里都藏有一颗火热火热的同情心，因为他们同情灾区的人民，所以他们牺牲了自己的利益去帮助他们。试想，如果我们的孩子没有同情心，那么这个世界将会变得多么可怕呀！当有一天，他们也需要帮助的时候，又有谁会来帮助他们呢？

（5）上行下效，父母首先应成为善良的人。

每一个孩子都是上帝送来的小天使，这句话是有一定道理的。孩子们刚来到这个世界上时就是一张干净的白纸，至于后天孩子能否成长为一名拥有高尚道德情操的人，很大程度上要取决于其父母。而想要培养出一名善良、充满爱心的孩子，父母首先应成为善良的人。因为父母是孩子模仿的对象，从小到大，父母对孩子的熏陶和影响每天都在进行着，其程度是无法估计的。因此，父母要以身作则，拥有善良的品质，如此才能拥有善良的孩子。

事实上，每一位父母都希望自己的孩子是一个善良的孩子，拥有丰富的情感世界。那么，从现在开始，就应教会孩子懂得爱、发现爱、付出爱，从生活中的点滴开始，从阻止孩子的每一个攻击性行为开始，从劝说孩子分享一颗草莓开始；从孩子第一次伸出小手为父母拭去脸上的汗水开始，从孩子第一次对身边的人说出“谢谢”开始……让我们的孩子拥有一颗善良的心，带着这颗善良的心去感受生活。

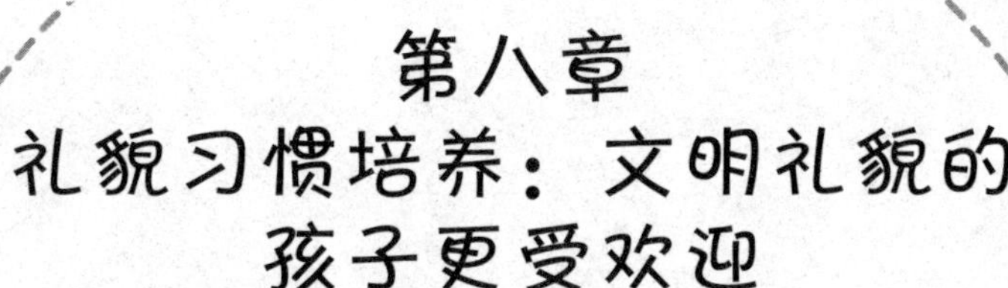

第八章
礼貌习惯培养：文明礼貌的孩子更受欢迎

见到师长主动问好，对待同学伙伴热情友善……千万不要小看这些细节，文明礼貌是孩子的社交“名片”，写好这张“名片”才会更受欢迎。

培养孩子礼貌问候的好习惯

世界上的很多国家都非常重视对孩子进行文明礼貌教育，对那些不讲礼貌的人给予非常严厉的惩罚。在美国就有这样一则法规，严禁居民使用粗鲁、猥亵、低俗、下流等不文明的语言，如果有人使用了这些不礼貌的语言便会收到法院的传票，处以五百元以上的罚金和三个月的拘役。在德国，不礼貌的行为也被人们所不能容。在当年的世界杯比赛中，著名球星艾芬伯格就曾因为对台下的观众做了一个下流手势而被球队开除，退出比赛，遣送回国，断送了自己的职业生涯。由此可见，培养孩子懂礼貌讲文明的习惯是多么重要呀。

家庭教育的目的不仅是要培养一个聪明的孩子，也是要培养一个讲文明、懂礼貌的孩子。懂礼貌的言行举止可以增强人与人之间的关系，加深他人对自己的良好印象。它们就像孩子社交的一张名片，将自己展现在他人面前。

乐乐是一个非常讲礼貌的孩子，同学们都很喜欢他。一次，乐乐受邀请到同学家参加派对。在派对上，同学们玩得都很愉快。不知不觉天已经黑了，孩子们该回家了。纷纷告别之后，小朋友们全都蹦蹦跳跳地离开了，只有乐乐还坐在原位，看着同学们都离开了，他将自己和同学们坐过的椅子全部都摆好，然后才收拾东西离开。

主办派对的家长看到了这一幕，被乐乐良好的礼仪习惯所打动。于是，他给乐乐的老师写了一封表扬信，表扬了乐乐的礼貌行为。据老师的调查，乐乐的父母非常重视对孩子的文明礼貌教育。他们认为，孩子早期的教育除了智力开发之外，培养孩子讲礼貌的习惯也同样重要。

培养孩子文明礼貌的好习惯，要从生活中的一点一滴做起。如可以从以下几个方面入手：

（1）父母要为孩子树立榜样。

古语说：“己正而后能正人。”作为父母，想要培养孩子文明礼貌的好习惯，首先自己要懂文明、讲礼貌，给孩子做出表率。孩子是在模仿父母的言行中长大的，父母的言传身教是对孩子最深刻的教育。父母应该充分利用自身良好的文明礼貌行为，潜移默化地影响孩子，培养孩子文明礼貌的好习惯。

（2）有意识地向孩子传授一些文明礼仪。

随着孩子年龄的增长，父母要有意识地给孩子讲述一些礼仪，规范孩子的行为。例如，有客人到访时，孩子要主动问好；客人离去，孩子要热情相送；用餐时，要让客人先入座、先动筷子，等等。

（3）孩子也是主人公，应让孩子直接参与招待。

很多孩子非常不讲礼貌，家里来客人了，就跟和自己没有关系一样，连个招呼也不打。即便是父母要求，孩子也是头也不回地勉强打声招呼，应付了事。针对这样的孩子，家长首先要反省自己，是不是以前家里来客人时从来不让孩子参与接待，打击了孩子招待客人的热情。聪明的家长是不会忽略孩子小主人公身份的，要让孩子直接参与到待客活动中，做一些力所能及的事情，尽地主之谊。

（4）表扬孩子、鼓励孩子，孩子才会越来越好。

表扬和鼓励是促进孩子进步的最好方式。作为家长，不要吝啬对孩子的鼓励。孩子做得好就要表扬，尚需改进的地方则要鼓励。当然，这个环节可以在私下里进行。记住，任何时候，家长都不要当众指出孩子的不足，让孩子下不来台，损伤孩子的自尊心。否则，不仅不能及时纠正孩子的不足之处，还会适得其反，挫伤孩子做事情的热情。

（5）有意识地训练孩子使用必要的文明礼貌用语和文明动作。

文明礼貌包含两个方面：语言文明和举止文明。

语言文明，要求不使用粗鄙、下流的语言，多用一些文明用语，如“您好”“早上好”“谢谢”“再见”“见到您非常高兴”“欢迎您的到来”“晚安”“对不起”“没关系”“请”，等等。

文明动作包括握手、礼貌性亲吻、摆手再见；对方讲话时，注视对方；鞠躬感谢；不乱扔垃圾、不随地吐痰、乱扔果皮纸屑，等等；穿着朴素大方不夸张；头发干净梳整齐；文明排队，不插队；在公交车上给老、幼、病、残让座，等等。

你的孩子穿着大方得体吗

一个人的穿着品位体现了其个人修养。大方得体的穿着不仅仅是对自身外表的补充，也显示出了对他人的尊重，是文明礼貌的体现。随着人类文明的不断发展，人们对穿着的讲究也越来越多。从原始时期的枯叶遮体到今天五颜六色、琳琅满目的时尚界，穿着已然发展成为一门独立学问。

很多孩子提倡张扬，讲究个性，喜欢模仿明星偶像的穿衣风格。尤其是进入青春期的孩子尤其明显。琳琳就是这样的孩子。

“我小妈对我可真好，比亲妈还好。前几天我说喜欢鹿晗代言的一件T恤衫，人家二话没说，带着我就到专卖店里买了一件回来。你还别说，这一千多一件的衣服质量就是好，和几十块钱的仿品就是不一样。”听着琳琳没心没肺的一通感想，身边的朋友发出一阵阵嘘声。

琳琳的父母在她十岁的时候便离婚了。单亲家庭的孩子总是让人觉得可怜，琳琳的父母总是想方设法地想弥补孩子。例如，各种名牌衣服、名牌鞋子，琳琳都应有尽有。久而久之，孩子开始沉浸于富裕的物质生活中，丝毫不再烦恼父母离异的事情，每天都过得很惬意：头发脏了去理发店、肚子饿了叫外卖、衣服该洗了送洗衣店。

一个十岁的孩子，每天都把自己打扮得“个性”极了。今天一身乞丐服，再配上一个暴雨梨花头，十足的痞子劲头；明天一身黑白宽松套装，再来一个烟熏妆，简直是大熊猫的翻版。琳琳的班主任是一位五十多岁的老头。她这一天一个“特立独行”的穿着，惊得老头血压直冲一百八。最后，实在没有办法，学校找来了琳琳的父母，要求父母配合学校的管理，不要给孩子买一些太过张扬的服装，衣着要适合孩子的身份。看着穿得花里胡哨的琳琳，再看看旁边一个个衣着朴实大方的同学们，琳琳的父母也觉得有些不合适了。

穿着是一门艺术，更是一门学问。没有人认为那些张扬个性的衣服是低俗的，也没有人敢说只有那些简单大方的衣服才能体现出高雅。不同风格的衣服适合不同的场合。如事例中的琳琳，她还是一名学生，在校园里那些太过前卫的服装就显得非常不合时宜了。学生应以干净大方、简洁朴实为主，才能摒弃杂念、专心学业。同时，不合时宜的穿着从某种意义上讲也是对他人的不尊重、不礼貌。因此，作为家长，我们有责任教会孩子必要的穿着礼仪。

孩子们的着装体现着仪表美，不能简简单单地等同于穿衣。除了整洁之外，孩子的着装还应兼备以下原则：

（1）文明、大方。

穿着要符合场合，切忌过露、过紧、过短。特别是孩子，过露、过紧、过短的衣着打扮不仅不合身份，也不益于身体健康，同时还会给人一种不礼貌的感觉。孩子们大部分的时间都在学校里度过，应该穿着一些简洁、大方的衣服，既让人感受到青春的活力，又给人一种天真无邪的纯净感，既是对自己的尊重，也是对老师、对学校的尊重。

（2）朴素、舒适。

艰苦朴素是中华民族的传统美德。在祖国的下一代身上，这个美德应该得到继承和发扬。孩子们应从小就懂得艰苦朴素，不铺张不浪费。同时，孩子好动，穿衣更应考虑到服装的舒适性。

（3）不要过分模仿明星的穿衣风格。

演艺界不同于现实生活，明星们的穿衣风格讲究艳丽、讲究夺目、讲究个性张扬，但那只是在银幕上，为了塑造某一角色、为了夺人眼球。其实，在银幕之后，明星们脱下光环，也只是普普通通的凡人，穿衣打扮非常普通，和正常人没有什么区别。

一个人的礼貌修养主要体现在着装打扮和言谈举止方面。一个人的穿衣习惯往往最能体现一个人的性格特征。所以，在人际交往中，要特别注意自己的着装，要符合身份及场合，要大方得体。

说话的艺术："良言一句三冬暖"

"良言一句三冬暖，恶语伤人六月寒。"说话是一门学问。在日常生活中，同样的意思用不同的方式表述出来，能够产生出截然相反的结果。良好的说话方式是促进人际交往的"润滑油"。试问，一个言谈粗俗、总是恶语伤人的人谁会喜欢呢？而一个言辞得当、说话得体的人必然会受到他人的喜爱。

悠悠的爸爸妈妈一直都用一种积极、鼓励的态度让孩子懂礼貌。一次，悠悠和爸爸妈妈一起上街。在过马路时，正巧一辆骑自行车的叔叔堵在了前面。悠悠看到之后，对那位骑自行车的叔叔说道："叔叔，麻烦请让一下。"这位男子连连道歉，"对不起，对不起，我马上让一下。"事后，悠悠妈妈对悠悠说道："悠悠，你看见了么，旁边的老爷爷一直微笑地看着你，后边的老奶奶还向身边的妹妹夸你很懂礼貌呢。"

悠悠笑了笑："真的么？我没有注意到。可是，为什么这么多人夸奖我呢？"悠悠妈妈利用这个机会，及时引导悠悠道："因为，你说话时用了'请'，这是非常有礼貌的表现"。悠悠心想，"原来大家都喜欢说话有礼貌的小朋友呀。"悠悠觉得自己只是做了一件很小的事情，却换来了很多人的喜爱。聪明的妈妈通过这件事情告诉了孩子讲礼貌的重要性。

悠悠同爸爸一起去商场买了一些苹果，发现有一个苹果坏掉了，爸爸让悠悠去换一个好的。悠悠拿着坏苹果，来到商城里，对售货员说道："阿姨，请帮我换一个好苹果好么？这个坏掉了？"悠悠翘着脚尖，微笑地说道。售货员阿姨立即便给悠悠换了一个好苹果。悠悠很快就拿着换回的苹果回到了爸爸身边。

这时，只见一个男子走了过去："哎，你看你们卖的什么破苹果呀，这都坏了，赶紧给我换了。"那位售货员阿姨有些不高兴了，"怎么说话呢？这苹果是特价的，概不退换的。"接着那名男子又说了半天，最后也没有把苹果换掉。

悠悠觉得有些奇怪，"爸爸，为什么售货员阿姨不给那位叔叔换苹果呀？"悠悠问道。爸爸告诉悠悠："因为那位叔叔没有礼貌，悠悠在换苹果时用了个'请'字，所以，阿姨愉快地答应了悠悠。而那位叔叔却没有用'请'字，说话态度也很恶劣，所以那位售货员阿姨生气了，不愿意给他换苹果。"悠悠听完，点了点头，"爸爸说得对，以后我们和别人说话的时候一定要讲礼貌。"

各位家长在教育孩子的时候，一定要像事例中悠悠的爸爸妈妈那样从生活中的点滴出发，及时地引导孩子，结合现实生活中的例子为孩子分析道理，帮助孩子养成良好的说话习惯。每个孩子的身上都有闪光点，只要父母耐心引导，孩子们都会表现得很优秀的。培养一个有教养的孩子，我给父母们的建议是：

（1）以身作则，父母是孩子的榜样。

首先，作为父母要以身作则，改正自己的说话方式。父母是孩子模仿的对象，在日常生活中要注意自己的言行，不要说脏话、恶话，要与人为善。否则，孩子就会模仿父母的说话方式，说一些脏话。

其次，当家长听到孩子说脏话、恶话时不要过度紧张，孩子们此时还没有形成不良的说话习惯。家长只需淡化孩子说这些词语时的反应，孩子就不会形成深刻的印象，时间一长，孩子也就慢慢忘记了。

（2）引导孩子与人交流时多用礼貌性语言。

在与人沟通时，要多用礼貌性语言。向别人问路时，要多用礼貌性语言，如“对不起，打扰您一下”“请问”等；和人打招呼应选择适当的称呼，如“爷爷”“奶奶”“阿姨”“叔叔”等；

（3）良好的交流从赞美开始。

用真诚的语言和美丽的词汇赞美他人，不仅能够体现自己良好的修养，还能迅速博得他人的好感，促使交流双方相互认可、相互欣赏，进而拉近双方的距离，成为好朋友。

赞美的语言谁都喜欢听，谁都愿意听，在与人沟通的过程中，不要吝啬赞美的语言，恰到好处的赞美总是能够让谈话气氛迅速升温。

（4）拒绝他人时，注意用语。

每个人的想法各不相同，当我们必须要拒绝他人时一定要委婉，不要伤害他人。例如：“你说的这件事情，我很认可，也很想去做，但是我的时间不充裕，实在对不起，我恐怕不能与你一起创造奇迹了，以后有机会再合作吧。”这样，既拒绝了对方的邀请，同时也给了对方台阶下，两全其美。

一句话可以让一个人喜上眉梢，一句话也可以让两个好朋友反目为仇。在孩子成长的过程中，父母一定要教会孩子说话的艺术，相信这个习惯会带给孩子意想不到的收获。

让孩子学会尊重他人的隐私

每个人心中都有小秘密，不想被他人知道，这就是隐私。尊重他人的隐私是尊重他人的表现之一，只有懂得尊重他人隐私的人，才能在人际交往中立于不败之地；相反，不懂得尊重他人隐私的人，终将在人际交往中一败涂地。社会是一个复杂而又多彩的舞台，人际关系是这个舞台上必不可少的角色。教会孩子学会尊重他人的隐私，是每位家长的责任。

莉莉是爸爸妈妈的掌上明珠，从小生活在一个幸福的家庭里。莉莉的爸爸妈妈感情非常好，每天上班前、下班后都会拥抱一下。每当这个时候，莉莉总要跑过去，非要爸爸妈妈也抱自己一下。

爸爸妈妈下班之后，发现莉莉的眼睛哭得红彤彤的，便问道："莉莉，你怎么了？"莉莉见到爸爸妈妈之后，眼泪再也忍不住了，边哭边说："小华跟我吵架了，说再也不和我做朋友了。"

"为什么呀，你们不是很合得来么？"妈妈问道。

莉莉委屈地说道："没有什么事情，只是因为我把她哥哥是个聋哑人的事情告诉了青青。但是这也不能怪我呀，是青青主动问我的，我也不能说谎呀。"妈妈听完之后，说道："莉莉，这就是你的不对了，小华的哥哥是个聋哑人这件事是小华的隐私，她不想让别人知道，你不应该在没有得到小华允许的情况下私自告诉他人。即便是青青主动问的，你也不应该说呀。"

"那我应该怎么办？青青也是我的好朋友呀。"莉莉擦干眼泪，问道。

"你可以直接告诉青青，你不方便透露。"妈妈接着说，"如果你有什么不想让别人知道的事情，小华悄悄地告诉了别人，你愿意么？"

"不愿意，看来这件事情是我的错，我会向小华道歉的。"莉莉说道。

泄露他人的隐私是非常不礼貌的行为，会让原本关系很好的朋友反目，会给他人带来很大的精神伤害。在培养孩子懂文明讲礼貌的过程中，父母一定要教会孩子尊重他人的隐私。而尊重他人的隐私，建议从以下两个方面入手：

（1）不泄露他人的隐私。

如果别人把自己的隐私告诉了我们，并希望我们为其保守秘密，说明对方很信任我们。我们不能辜负对方的信任，要严格保守秘密，不泄漏他人的隐私。这一点，父母首先要自己做到，然后再要求孩子做到。

很多时候，人们会把隐私告诉自己最信任的人。然而，当自己最信任的人将自己的隐私泄露出去时，两人的关系也就决裂了。没有任何人能够容忍最信任的人背叛自己！

（2）不主动探听他人的隐私。

每个人的心中都有很多秘密不想让他人知道。家长要告诉孩子，别人不想让我们知道的事情不要主动探听，这是很不礼貌的行为。人们常说："距离产生美。"原因就是有了距离，很多小毛病就看不到了。人的一生总会遇到很多尴尬的事情，而事后这些尴尬的事情有的会被当事人储存起来，作为自己的隐私，不愿被人提起。然而，总是有很多人偏偏对他人的隐私感兴趣，千方百计地探听。最后，常会因此而引发两人之间的矛盾，让关系走到无法弥补的地步。

因此，作为父母，我们应告诫自己的孩子，不要探听他人的隐私，每个人都有保持隐私的权利，我们不能干涉他人应有的权利。

"己所不欲，勿施于人"，如果自己不愿隐私被泄露、被探听，那么首先就要做到尊重他人的隐私。出于对他人的尊重，我们更应该尊重对方的想法，保护对方的隐私权。

教孩子快速记住他人名字

卡耐基说："一个既简单又最重要的获取好感的方法，就是牢记别人的姓名。"快速记住别人的名字是一种礼貌习惯，在人际交往中常常会收获到意想不到的效果。在日常生活中，经常会遇到需要记住他人名字的时候，这时候，如果我们记不住别人名字，或是记错了别人的名字，就会显得很尴尬，会将刚刚建立起来的人际关系打回冰点。

婷婷妈妈换了工作，为了上学方便，婷婷不得不转到了附近的新学校。初来乍到的婷婷，可以说是人生地不熟，看着一张张陌生的面孔，婷婷有些郁闷。为了能够让孩子快速适应新的环境，婷婷妈妈给婷婷介绍了一位同事家的孩子李雪，和婷婷同岁，而且同班。难得认识了一个新同学，二人互相认识之后，由于家长的关系便迅速成了好朋友。

接下来，李雪带着婷婷熟悉班里的同学和学校的情况。原本一切都很顺利，可是婷婷总是记不住同学们的名字，见到大家时，叫不出名字，只能礼貌性地笑一笑。时间一长，大家都觉得婷婷有些内向，不太热情。李雪一直都陪着婷婷，给了她很多帮助。这一天，婷婷以前的好朋友们来看望她，婷婷非常高兴地给大家介绍她的新同学："这是我的新朋友，张雪。"听到婷婷叫错了自己的名字，李雪脸上的笑容一下子僵住了。出于礼貌，李雪没有当众揭穿，只是凑到婷婷耳边，小声地说："不好意思，我叫李雪。"婷婷的脸一下子就红了。

第二天，婷婷就发现李雪不像以前那样对待自己了，明显冷淡了很多。婷婷试图和李雪拉近距离，却没有成功。李雪似乎故意疏远了婷婷。回到家里，婷婷的情绪很消沉。妈妈侧面了解了一下，笑着对婷婷说："明天向李雪道个歉，记错别人的名字是件不礼貌的事情。"第二天，婷婷主动向李雪道了歉。李雪也表示不能全怪婷婷，毕竟婷

婷才来没多久。

在生活中，像婷婷这样记错姓名的情况经常会发生，被记错姓名的对象通常会有一种不被重视的感觉，进而影响到二者之间的关系。人际关系中最忌讳记错他人的姓名，作为家长，有责任教会孩子快速记住他人名字。

（1）观察交往对象的相貌特征。记住交往对象的五官特征、身材特征，然后无限放大这些特征，这样就容易记住这个人了。

（2）多次重复每个人的姓名。勤能补拙，当我们听到一个名字时，在心里反复重复这个名字，这样就能快速记住这个名字了。

（3）建立有关联的联想。为了能够快速记住大家的名字，可以寻找易记的谐音，例如，马义伟，就可以记成马一尾；李金库，想一想说相声的演员有一个叫李金斗，说不定他俩是兄弟哟；李淑嬛，前段时间热播的《甄嬛传》的嬛嬛就是这个人，等等。这样，大家的名字就很容易记了。

（4）特殊名字，特殊记忆。对于那些难记住的名字，应及时做好记录，着重记忆。

不难发现，在社交过程中，绝大多数人都十分看重自己的名字，他们往往会把自己的名字与受重视的程度挂钩。例如，多年不见的老同学，你热情地握手，拥抱之后，却发现他连你的名字都叫不出来了，难免就有些失落，在心里会与对方疏远不少。

记住对方的名字，就等于把对方放在了重要的位置上，至少他人会有这种感觉。记住他人的名字，就意味着在乎对方、尊重对方，即使你们是第一次见面，也会有一见如故的感觉。因此，作为家长，培养孩子快速记住他人名字的技巧有助于孩子建立起良好的人际关系，给人一种讲文明懂礼貌的好印象。

保持微笑，也是一种修养

微笑，带给他人好心情也带给了自己好运。微笑是朋友间最好的沟通，一个默契的微笑可以胜过千言万语。即便是初次相见，一个自然的微笑也能拉近人与人之间的距离，让人觉得温暖。微笑是一种修养，一种非常重要的修养。微笑的本质是鼓励，是亲切，是自信。真正会微笑的人，是善良美丽的，他们会因为脸上的微笑而获得更多的机会，更多的财富，更多的友情，更多的赞赏……

女儿早早便来到了这个世界上，由于早产，体重不足五斤，精疲力竭的妈妈还来不及看一眼她，她就被送进了保温箱里。昏迷了一天的妈妈，睁开双眼，映入眼帘的是一张空空的婴儿床。“孩子呢？”家人有些情绪不高，“在保温箱里，大夫说体重有点轻，让她在保温箱里待上几天。”不知是伤口有些疼，还是心里有些疼，妈妈竟然有种想哭的感觉。

过了几天，妈妈的身体有了好转，可以下床了。她被带到女儿的保温箱前，看着孩子全身插满了管子，头上还粘着胶布，一定是刚刚输完液，她忍不住哭了。“这么小的孩子，会感觉到疼么？”大夫安慰她说：“很快就会忘记的，孩子还不记事呢。”回到病房里，妈妈一句话也不想说。她很后悔，为什么在怀孕期间不多吃点东西呢？孩子强壮一些，也不用进保温箱了。

一晃，十几天过去了。女儿离开保温箱，回到了妈妈身边。不知道是因为一直都没有抱到孩子还是什么原因，这位妈妈一直都抱着孩子，不愿撒手。看着女儿熟睡的样子，她觉得好看极了，怎么看都看不够。忽然，熟睡中的小东西嘴角一扬，她竟然笑了。这位妈妈就像发现了新大陆一样惊喜。后来大夫告诉她，“一定是孩子感受到了妈妈的气息，

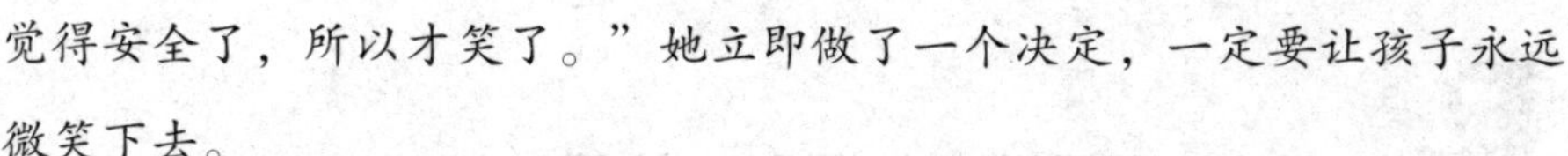

觉得安全了，所以才笑了。”她立即做了一个决定，一定要让孩子永远微笑下去。

微笑带给人的力量是巨大的。一位母亲因为孩子的微笑而惊喜万分，这是意料之中的事情，因为孩子是太阳，父母是地球，天性使然，他们爱自己的孩子，注定今生今世都会围着孩子转。那么，一个陌生人同样也会因为一个微笑而愿意接近你，愿意聆听你的想法、意见和需求。这就是微笑的力量，这就是微笑能够带给我们的。作为父母，教会孩子微笑，笑对人生，这是给孩子的最好礼物。

（1）微笑是一种温柔的力量。

当人们剑拔弩张时，微笑能够轻松化解紧张的气氛，使人们在和谐中解决问题，成为朋友。当孩子大声哭泣时，是母亲的微笑抚平了孩子心中的委屈。当朋友间有分歧时，是朋友的微笑包容了一切的分歧，加深了感情。微笑就是这么神奇，会微笑的孩子永远都是幸运的。

（2）微笑是一种亲和的力量。

在陌生人之间，似乎有一堵冰冷的墙，隔离着彼此。但微笑却可以轻易融化这堵墙，让人们彼此亲和起来。微笑是人与人之间最好的交往方式，它能够敲开一切冷漠，开启温情之门。

（3）微笑是一种修养。

没有人能够拒绝微笑的绅士，那灿烂的笑容就像一株株美丽的玫瑰花，充满了魅力和春天的气质。这是一种至真至纯的修养。于是，越是紧急时刻，越能彰显出高贵。

让我们的孩子学会微笑，面对困难，微笑；面对刁难，微笑；面对弱者，微笑；面对强者，微笑；面对亲朋，微笑；面对旁人，微笑；面对疾病，微笑；面对幸福，微笑；面对……无论身处何方、何境，都能够保持微笑。

告诫孩子不要随意打断别人的话

给孩子立规矩，让孩子讲文明懂礼貌，是为了让孩子长大之后不招人烦。

前段时间，乘坐飞机到哈尔滨，飞机晚点了，大家都在候机厅等候，有的乘客在睡觉，有的乘客在轻声聊天，总之大家还算安静，没有因飞机晚点而急躁不堪。

这时，旁边来了一家人，两名家长，带着两个孩子。这下安静的候机厅被点燃了。两个孩子玩起了足球，一会儿将球踢到了正在睡觉的乘客脚下，一会儿又将球踢到了正在聊天的乘客脚下。两个小家伙还真是天不怕，地不怕。一会儿跑到睡觉的乘客旁边，大声说道："对不起，阿姨，让一下。"乘客一下子从睡梦中惊醒，有些发蒙，看着旁边的孩子无奈地摇了摇头，起身让开了。

没过一会儿，两个小精灵又跑到了那边正在聊天的乘客面前，"能让一下么？"孩子理直气壮地问道。乘客二话没说，让开了。然而，他们似乎没有意识到打扰了别人。没过一会儿，球又跑到了其他乘客脚下。孩子们接着要求大家避让。一而再，再而三，这边正在聊天的乘客已经来来回回起身了好几次。

终于，忍无可忍的乘客在孩子再一次要求起让的时候问道："小朋友，难道没有人教过你不能随便打断他人说话么？这是非常不礼貌的行为，你已经打扰我们好多次了。"

孩子们似乎没有想这么多，他们看了看一旁的家长。他们的家长就像没有听见一样，摆弄着手机，连头都没有抬。见爸爸妈妈没有反应，孩子们消除了紧张，又不管不顾地继续踢起了球。无奈，乘客们只好叫来了机场保安。

像事例中的孩子，现实生活中总会遇到很多，他们肆无忌惮地影响着他人，而对此，孩子们的父母却常常视而不见。也许在他们看来，陌生人的感受不值得在乎。其实不然，教会孩子尊重他人、考虑他人的感受，实则也是尊重自己的表现。一个不懂得礼数的孩子，将来步入社会之后，谁会喜欢他呢?

不随便打断别人说话是讲文明懂礼貌的表现，是家长应该从小为孩子培养起的礼仪习惯，是孩子与人友好交往的前提。聪明的父母会这样教育自己的孩子：

（1）轻易打断别人说话是非常不礼貌的行为。

小的时候，老师常会教育孩子们不要随便打断别人说话。道理是简单的，然而做起来却真的好难。很多时候，当别人话还没有说完，因为忽然冒出了想法，又或是已经听得不耐烦了，便打断了他人说话，让对方陷入到尴尬之中，不知道该不该继续说下去。当我们的孩子也出现这种不礼貌的行为时应及时纠正，不要放任不管，不然，等他养成了这种不良习惯之后就会招人烦了。

（2）打断别人说话，是不尊重别人的表现。

设身处地地想一想，对于不尊重我们的人，我们是不会有好印象的。因此，我们要从小教育孩子不应轻易打断别人说话，即使那个人说的话自己已经听过了也要耐心听完再发表意见，这是尊重别人的表现。否则，等到孩子长大之后，习惯成自然，总打断别人说话，会让同事、上级领导厌烦的。

（3）听对方说完，才能明白对方想要表达的真实意思。

很多的误会总是由于没有表达清楚而产生。如果我们能够耐心听对方把话讲完，那么就不会有这如此多的误会产生了。相信你也一定有过这样的经历，当我们耐着性子听对方把话说完之后，才发现原来人家是这个意思呀。因此，我们应教育自己的孩子一定要耐心听对方说完话再发表意见，否则很容易出现误会。

孩子的行为举止，与家长后天的教育直接相关联。作为家长，我们要对孩子的将来负责任，把一个不懂文明礼貌的孩子送到社会上去，无论是对社会还是对孩子而言都将是无限的痛苦。若孩子经历过一番刻骨铭心的挫败之后才学会礼貌待人，这代价未免也太大了吧。如果我们在孩子小的时候，多花一分心，多尽一分力，那么孩子未来的路就会平坦很多。

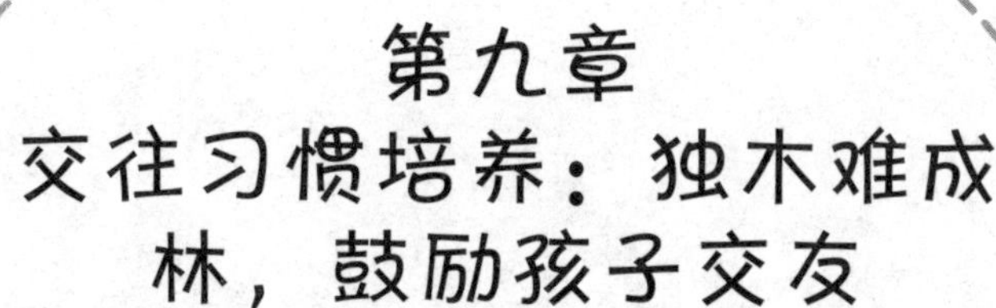

第九章 交往习惯培养：独木难成林，鼓励孩子交友

在这个讲求团队、合作的时代，社交能力的强弱对于孩子的未来发展至关重要。所以，鼓励孩子交友吧。

倾听是最高效的交际方法

倾听是最高效的交际方法，是孩子必须要具备的素质。很多心理研究都表明，越是善于倾听的孩子越能融入集体，在团队中协同合作。倾听本身就是对他人的一种尊重与认可。在如今这个讲究团队合作的时代里，懂得倾听对孩子未来的发展至关重要。

滔滔和小孟是很好的朋友。不同的是，小孟拥有很多好朋友，似乎没有合不来的人；而滔滔则没有太多朋友，大家似乎都不怎么喜欢他。

小孟家：

“爸爸，我可以玩一下这个么？”

“你想怎么玩？”

“我要把他当成神奇的卡片，能带给我力量的那种。”

“想法不错哟，支持你一下，可以玩。”……

滔滔家：

“爸爸，我想和你玩一会儿。”

“去去，自己玩去。”滔滔的爸爸正忙着做生意呢。

“妈妈，今天我在幼儿园里没有得到小红花。”

“没有关系的，那个红花也没有什么用，去看电视吧，妈妈有事。”

滔滔的爸爸和妈妈可真忙呀，孩子跑来跑去都没能与他们说上几句话。无奈之下，滔滔把想说的话咽下，一个人去看电视了。

你会发现：小孟遇事总是笑盈盈地与同学们一起协商，从来不急着打断别人说话，总是耐心地听别人说完，然后再提出自己的意见；而滔滔则脾气暴躁，小朋友只能按照他的意思行动，否则他就会对小朋友大喊大叫："你别再弄啦。"吓得小朋友赶忙躲开他。时间久了，大家更喜欢和小孟一起玩耍，就连家长们也鼓励孩子多与小孟玩耍，离滔滔远一点，终究谁都不希望自己的孩子被人吼来吼去。

倾听也是一种学习的方式。在倾听中，孩子们可以了解对方的想法和思维，学到一些自己不了解或不知道的事物。培养孩子的倾听能力，对孩子未来的人生发展非常重要，关系到孩子能否很好地处理人际关系、能否很好地与他人进行沟通。倾听的习惯不是与生俱来的，需要经历很长的时间不断训练才能养成。因此，家长应该从小锻炼、培养孩子的倾听习惯。

那么，家长应该如何让孩子学会倾听呢？不妨从以下几个方面入手：

（1）父母是最好的榜样。

让孩子学会倾听最好、最有效的方法就是父母在施教的过程中以身作则，耐心倾听他人说话。

很多父母总是抱怨："孩子的脾气太急了，都不能让人把话说完。"而这个结果是谁酿成的？是父母本身。有什么样的父母就会有什么样的孩子。这些没有倾听习惯的孩子的父母一定也是不会耐心倾听他人说话的人。在孩子小的时候，父母忍受不了孩子慢吞吞、无逻辑地讲话，经常会粗暴地打断孩子的话，如"好了，不要再说了，按我说的做""给我闭嘴"等等。上行下效，殊不知父母耐不下性子倾听孩子讲话的行为同样会植入孩子的行为习惯中。

终有一天，孩子们也不能很好地倾听他人讲话了。试问，没有良好的倾听习惯，孩子如何能够很好地与人沟通，如何能够快速融入集体生活中去，如何能够应对复杂的人际关系？因此，作为父母，孩子在看着我们的一言一行呢，为了孩子，请规范自己的行为举止，慎言慎行吧。

（2）位置互换，让孩子设身处地地为他人着想。

很多时候，换个角度看问题，是一个非常不错的解决问题方法。

当我们孩子总是打断别人说话，不愿倾听他人的心声时，家长强制性的约束不一定会有效果。这时，家长不妨尝试让孩子换个位置，站在别人的角度感受一下，问问自己，如果别人这样对我了，我会怎样想？

（3）鼓励孩子多参加一些社交活动。

培养孩子良好的社交能力，最好的方法就是反复真实地操练。让孩子在集体中活动实实在在地进行社交，在实践中总结经验及教训。父母要鼓励孩子多参加一些集体活动，在与人的交往中培养起倾听的好习惯来。

卡耐基说："如果你希望成为一个善于谈话的人，就要做一个注意倾听的人。"倾听是一个接受信息的途径，在倾听中，孩子会逐渐成长，逐渐建立起自己的人生。

引导孩子合理处理社交中的矛盾

孩子在与他人的交往中，经常会出现各种各样的矛盾，这是避免不了的事情。对于孩子而言，这些矛盾也不算什么坏事情，通过它们，孩子可以学习如何处理矛盾的技能。

阳阳是家里的独生子，到了三岁时，妈妈发现孩子有些胆小，不像有的孩子那样天不怕地不怕的。这一天，阳阳妈妈带着阳阳来到幼儿园，阳阳玩得很开心。没过一会儿，一个小女孩出现在阳阳的身边，这个小女孩比阳阳矮半头，不知道什么原因就开始动手打阳阳。

阳阳妈妈看见了，并没有立即制止，她想让孩子自己处理。可是阳阳一动不动，任由那个小女孩一下、两下、三下地打向自己。阳阳妈妈忍不住，她冲了上去，大声呵斥了打人的小女孩。阳阳看见妈妈过来了，跑向妈妈控诉小女孩打自己的行为。阳阳妈妈很生气地看了看儿子，说道："你怎么回事，为什么不还手，难道她把你打死你也不还手吗？"

见到妈妈气呼呼的样子，阳阳连忙解释："我怕她家大人打我呀。""即便如此，你也可以躲避呀，在那儿一动不动地任由别人打，难道我把你生下来就是让别人打的吗？"妈妈越想越生气，竟然有些口不择言了。"好的，我知道了妈妈，下次我会躲开的。"为了这件小事，阳阳妈妈足足生了好几天气。

渐渐地，她发现儿子有些变化了，不再像以前那么胆小软弱了，开始有些爱惹事了。与小朋友相处时，越来越以自我为中心了。不管对错，只要有矛盾发生，阳阳都会像个小战士，不顾后果地往前冲。看到儿子的变化，阳阳妈妈又开始有些担心了："完全不反抗不对；反抗过了头，一点也不能吃亏似乎也不好呀。"她搞不清楚自己应该怎样做了。

正如事例中阳阳妈妈忧虑的事情一样，很多家长都面临着这个问题。孩子在社交活动中总吃亏，家长接受不了；一点也不吃亏，家长还接受不了，而到底应该如何引导孩合理解决社交中的矛盾，才算恰到好处，才能让孩子既保护了自己，又培养了广阔的胸襟呢？

三句话：鼓励孩子拒绝恶意的欺辱；包容那些不是故意的伤害性行为；尊重他人的想法和观点，采纳正确的意见。这几句话说起来容易，做起来其实并不易。孩子的年龄还小，不能很好地理解其中的含义，在实践中也不能很准确地判断行为的性质。因此，家长只能在对孩子进行教育时放开双手，让孩子自己去体悟。在这个过程中，家长们在意的不应该是孩子吃不吃亏的问题，而是能不能及时地帮助孩子学会合理地处理社交中的矛盾。

（1）鼓励孩子拒绝恶意的欺辱。

孩子拒绝恶意欺辱的方式有很多，如躲避、寻求庇护、反抗，等等。

孩子可以根据自己的实际情况选择合适的方式，有效地保护自己。当然，在这个过程中，我们不主张孩子以暴制暴，但若实在没有更好的办法，那么正当的防卫是必要的。

（2）包容那些不是故意的伤害性行为。

教育我们的孩子，对于其他小朋友无意中造成的伤害要给予足够的包容，不要斤斤计较。孩子们一起玩耍，你碰我一下、我碰你一下是难免的，是很正常的现象。家长也不要太过紧张。

（3）尊重他人的想法和观点；采纳正确的意见。

不同的人有不同的看待问题的方法和观点，孩子也一样。面对意见分歧时，家长要教育孩子学会尊重他人的想法和观点，并经认真考虑之后，采纳好的、正确的意见与观点。对此，牛顿先生早就说过："你一个想法，我一个想法，交换之后，我们都有了两个想法。"听取不同意见的过程本来就是孩子进步、成长的过程。

做好这三点之后，相信我们的孩子已经能够很好地处理社交中的矛盾了。任何良好的习惯都需要时间的雕琢，想要做好这三点，家长和孩子就需要在生活中循序渐进，一步一步来。

培养孩子广交益友的意识

古人常说："近朱者赤，近墨者黑。"的确如此，每个人都有被环境同化的可能。一个人长期处于某种环境下，久而久之，他的思维、举止就会受到周边环境的影响。孩子更是如此，与天使成为朋友，不知不觉中，受朋友的影响，自己也会变成一名天使；当然，如果孩子结交的朋友是恶魔，那么久而久之，孩子的品性也会受到影响。因此，不是随便一个人就能做朋友的，这需要经过慎重的选择。正如法国剧作家莫里哀所说："友谊的结合，是要经过考虑与选择才能生长出来的。"

彤彤和杨静是很好的朋友。用杨静的话说，彤彤看上去非常平易近人，给她的第一印象非常好。因此，二人很快就成了好朋友。

第一印象是敲门砖，彤彤给人的第一印象非常好。然而，好的友谊总是需要时间的考验的。刚开始彤彤和杨静的关系发展得非常快，可以说是形影不离，连零花钱都放在一起花，不分彼此。然而，彤彤性格中有些问题，处理事情有些极端。由于家长的安排，彤彤将会在一年之后出国。这让杨静产生了危机感：一年之后，彤彤要离开了，自己怎么办？于是，她决定从现在开始，接触新的朋友，为以后做准备。

彤彤洞察到了杨静的真实意图。看着杨静一天天地疏远自己而亲近其他同学，彤彤有些愤怒了。就这样，原本形影不离的一对好朋友产生了隔阂。彤彤一时糊涂竟然做出了一件影响到她一生的事情。为了报复杨静的"背叛"，彤彤趁杨静不在时将她的全部零花钱都偷了过来。要知道，那可是杨静一个学期的生活费。很快，彤彤发现杨静在书包里找来找去，估计她已经发现钱不见了。令彤彤奇怪的是，杨静慌里慌张地找了一通之后就没有反应了。彤彤虽然有些奇怪，却也没有多想。

第二天，同学通知彤彤中午去教室里开会，班干部成员全到了。彤彤依然没有多想。午饭过后，彤彤放下书包，就去开会了。等她开完会回到宿舍，只见杨静阴着脸问道："你书包里的五百元是不是从我那儿偷的？"彤彤一下子懵了，人赃并获的她没有任何狡辩的余地。而且杨静和她新结交的好朋友纯纯似乎也没有给她留任何面子。彤彤明白了，这次所谓的班干部会议只不过是杨静和纯纯一起设计的调虎离山计。

杨静当众揭穿了彤彤的偷窃行为，让彤彤受到了很大的打击。尽管没有人追究彤彤的法律责任，可是彤彤的自尊心一扫而空。为了逃避所有的同学，彤彤开始逃课。因为大量逃课，彤彤的成绩一落千丈。在之

后的一段时间里，彤彤的状态简直糟糕透了。期末考试时，彤彤不愿意走进考场，她没有勇气见到同学们。最后，彤彤因为缺考，所有学科的成绩都为零，学校不得不将她劝退。

在这个事例中，彤彤和杨静的结局都非常令人惋惜。事情发展到最后，彤彤所受到的惩罚固然是咎由自取，可是杨静做得也不对。作为好朋友，人还没有离开呢，茶就凉了，她的确有些自私。交到这样的朋友，是彤彤的悲哀。正如大家预料的一样，杨静之后也没有再交到亲密的朋友，因为所有同学得知真相之后，都觉得杨静当众揭发彤彤的行为太过无情，终究她们曾经那么要好，就像亲姐妹一般。事情发展到最后，彤彤受到这件事情的打击，无法面对同学们，放弃了学业。而杨静虽然能够正常学习，可身边也没有什么朋友了。两个人都受到了不同程度的伤害。

人的一生，或多或少都会有朋友。有的人可以是一辈子的好朋友，而有的人则不过是人生中的过客，不值得深交。但无论是哪种朋友，在最初交往时都要慎重选择。

那么，家长们应该怎样培养孩子广交益友的意识呢？

家长需要告诉我们的孩子，交朋友是一件快乐的事情。人的一生会结交很多朋友，一些是一生一世的好友，一些只是普普通通的朋友，还有一些只是在某段时间里有交集，之后可能就不再有联系的朋友。不同种类的朋友要有不同的交往标准，不能一概而论。

你的孩子懂得与人分享吗

懂得分享的孩子，情商更高，更容易收获他人对自己的关心与帮助。在现实生活中，很多孩子都是独生子女，是家里的小皇帝和小公主，为我独尊习惯了，不愿意与他人分享自己的东西。例如，不让别的孩子玩自己的玩具；好吃的东西全抢到自己的手里，不让别人吃。孩子的这些行为，都是不懂得分享的表现。对此，父母不能指责孩子，而应该积极地加以引导，帮助孩子学会与他人分享。

阳阳和一一是好朋友，年龄相仿。两个孩子如果长时间不见面，都会彼此想念对方，可是一见面又总是吵架，让人哭笑不得。

这一天，阳阳和一一又在一起玩耍了，两个孩子一会儿东跑跑，一会儿西跑跑，玩得不亦乐乎。到了午饭时间，家长们要带着孩子各回各家了。只见两个孩子手拉着手，说什么也不肯分开。

孩子的感情总是最真挚的，没有半点杂念。看着两个孩子之间真情流露、依依不舍的样子，两位家长也于心不忍，又一起回到了一一家里。在一一家里吃过午饭之后，两个孩子一起玩起了玩具。一一的玩具可真多呀，阳阳很喜欢，很想拿来一个玩玩。可是，一一不允许，她不让阳阳动她的玩具，只能看。阳阳只是伸手去摸了一下玩具，一一就生气了，不仅大声斥责，还动手打了阳阳。阳阳也生气了，转身跑到了家长面前，说道："姥姥，我们走，再也不和她玩了。"一一的奶奶见状，呵斥了一一，并威胁说："再这样子，阳阳以后都不和你玩了"。看着阳阳生气的样子，看着奶奶严肃的样子，一一也觉得很委屈。

事实上，在孩子很小的时候，没有"自我"与"他人"的意识，见到感兴趣的东西都想据为已有。而面对孩子的这种行为，家长应该慢慢引导。随着年龄的增长，孩子"自我"认识水平会提高，能够分清哪些东西是自己的、哪些东西是他人的了。在这个时候，孩子们如果不让别人动自己的东西，那就不是没有分享的意识了。当孩子的这种"不愿分享"的习惯形成后，就会非常自私，做事只想着自己，对他人的利益视而不见。久而久之，孩子这种自私、自利的性格会严重影响到其人际交往。因此，家长需要及时对症下药，纠正孩子的这一坏习惯，培养孩子愿意分享的好习惯，让孩子拥有一份懂得分享的智慧。

（1）合理教育孩子，不要溺爱孩子。

很多家长太过溺爱孩子，家里的好吃的都会留给孩子，好玩的也是由着孩子独自享用。久而久之，在父母这种溺爱下，孩子独享习惯了，什么东西都不愿与他人分享。在这种情况下，家长们就需要做出改变了。分享的习惯是从小培养起来的，家庭生活需要形成一种“平等”的气氛，让孩子在“平等”的家庭环境中学会分享、愿意分享、能够亲身体验到分享的喜悦。

（2）从小教育孩子分享不是失去，而是得到。

孩子之所以不愿与人分享，是因为他们认为：分享就是失去，他们不愿失去某种东西。基于这种不舍得的心情，家长应该理解孩子，同时应该予以正确的疏导，让孩子意识到分享不是失去，而是得到。

（3）鼓励孩子分享的行为。

在家长的引导下，孩子们做出了分享的行为。家长要及时给予孩子鼓励，让孩子意识到分享是一种好行为。同时，父母还要经常为孩子提供一些分享的机会，如来客人了，让孩子把水果、糕点分给大家；让孩子将已经小了的衣服送给能穿的小朋友，等等。在这些行为中，孩子能够充分体会到分享的乐趣，从而愿意去分享。

在现实生活中，不愿意分享的孩子并不少见。“不愿分享”的习惯虽然不是什么道德原则问题，却能够直接影响到孩子建立良好的人际关系。试想，一个孩子什么都不愿与他人分享，那么他人又怎么会以真心待他？因此，从小培养孩子与他人分享的习惯很重要。

宽容友善，自然朋友遍天下

宽容是一种崇高的生活态度，宽容体现了一个孩子的良好修养，因为宽容友善，你的朋友会遍布天下。尽管有的时候宽容会带给我们一些伤害，然而如果因此而放弃了宽容，生活将会失去原有的光泽。

静静总是会想起那些年为了求学离家远行的日子。记得那年她们离开父母，稚嫩的肩膀上背着自己的行李，来到了这所中学。丽丽是静静的发小，从小一起长大，是朋友更是亲人。静静的父亲和丽丽的父亲是亲兄弟。姐妹俩一起来到学校，虽然不在一个班里，但多少也能有所照应。

这一天，静静十六岁生日，但这似乎不是一个令人高兴的日子。因为床铺摆放的问题，静静和同宿舍的舍友发生了矛盾，矛盾很激烈，几乎整个宿舍的同学都参战了。原本舍长通知午后大家全部都回到宿舍里，一起摆放床铺。静静由于临时有事情，就没能及时回到宿舍里。不了解情况的同学们都以为静静是故意的。于是在安排床铺的时候，将静静的床铺摆放在了宿舍的最里侧，紧紧挨着窗户。偏巧宿舍的窗户坏了，每天早上由于室内外温差的原因，窗户上总会凝结出很多水珠，顺着窗户缝隙流进来。

静静回到宿舍之后，见到床铺如此摆放一下子就生气了。她坚决要求重新摆放。静静的这一要求激怒了整个宿舍的舍友，大家纷纷指责静静对集体活动不上心，同学们帮助她摆好床，她不仅不感谢大家，反而埋怨大家。正当整个宿舍的人正在激烈地争执时，丽丽进来了，“请问静静是在这个宿舍么？”由于正和静静闹意见，同宿舍的红红答道：“不知道。”静静立即冲了过去，大声指责红红。

丽丽被眼前的场景惊呆了，等到大家都安静下来之后，她无奈地说道：“静静，你怎么把人际关系搞成这样了呀。”说完她拿出了两个鸡蛋，“今天是你的生日，我来给你送鸡蛋。”看着手中的鸡蛋，静静哭了起来。十六岁的生日呀，只有丽丽还记得。

人总是对那些伤心的往事记忆犹新。即使事情过去了很久，静静总会时不时地想起当时的情景。对于那些伤害自己的同学甚至都记不住姓

名了，却依然耿耿于怀。

多年过去了，当同学们再次聚首时，想起当年的事情来都有些伤感。“其实，那时我们都很小，没有太多复杂的心思，如果大家都能宽容友善一些，事情就不会发生了。”当年的舍长说道。

“是呀，如果我能宽容一点，体谅大家辛苦了一下午，事情就不会发生。如果大家能对我宽容一点，可能也不会因为我没能及时回到宿舍而迁怒于我了。”现在看来不过一件小事，却让同舍好友与静静因此一整年没有说过话。所谓的同学竟然和陌生人一样，丝毫没有建立起应有的同窗之谊来。

也许因为曾经有一些人深深地伤害了我们，以至于很多年过去了，这些伤痛仍然会留在我们的心底，久久没有愈合。但是，换位想一想，彼此之间从前如果多一点宽容和理解，可能今天我们就会拥有更多的朋友甚至是知己。宽容是一种大度，是一种豁达；宽容能够容纳万物，能给自己和他人多一次彼此了解的机会。

宽容友善是福、是路，是“不以世俗荣辱为念，不为世俗荣辱所累”的胸襟，是活得轻松、洒脱的姿态，是绝路逢生的机会，是友谊长存的养料。所以，孩子们要学会宽容友善，让心与心多一些交融，少一些误会。作为家长，我们要帮助孩子学会如何为人处世，学会理解他人的难处，宽容别人的过错，让孩子在今后的人际交往中广结天下朋友。所谓“多一个朋友多一条路”，一个宽容友善的孩子，朋友会遍布天下，他脚下的路必将越走越宽、越走越平坦。

让孩子养成主动广泛交往的习惯

人际交往是一门艺术，也是一门很重要的学问。很多孩子之所以缺少朋友，不是因为周围的小朋友少，而是因为孩子在人际交往中从不主动出击，总是采取消极、等待的态度，被动接受友谊。而想要获得更多的友谊，结交更多的朋友，就必须养成主动与人交往的习惯。

对于刚刚步入社会的孩子来说，拥有广泛的人际关系尤为必要，对孩子的健康成长有很多好处，如：

（1）广泛交往可以让孩子了解更多、更新的信息，开阔视野。

当今时代，信息就是财富。一个人从书本上获取的信息非常有限，通过广泛的人际关系第一时间获取各方信息，有助于孩子把握住更多的机会。

（2）广泛交往可以让孩子更成熟。

古人说："夫以铜为镜，可以正衣冠；以史为镜，可以知兴替；以人为镜，可以知得失。"通过广泛的交往，通过与他人的比较，孩子逐步成熟了起来。缺乏交往的人，缺乏参照别人的机会，便失去了衡量自身的镜子，不能很好地看清自身的优点与缺点。

综上所述，广泛交往不仅能够帮助孩子了解、接触更多的信息，从而抓住更多的机会获得成功，还能加速孩子的成长，让孩子的性格发展得更加成熟，正确认识自己，扬长避短。一个人要想正确认识自己，就有必要借助于广泛的交往，通过与他人的接触、比较等，反思自身的优势或劣势，从而不断加以改进。

很多家长，尤其是家里的老人们，不愿孩子上学太早，担心孩子不能自己照顾自己。婷婷的妈妈却不这么认为。她认为自己的孩子自从上了幼儿园后有了很大进步。

以前孩子吃饭需要家长喂，家长板着脸、硬着心要求孩子自己吃饭，可是却拗不过孩子。孩子不好好吃饭，因担心孩子营养跟不上，无奈之下，家长只好妥协，一勺勺喂孩子。可是，自从孩子上幼儿园之后，没几天的功夫，孩子便可以自己吃饭了。不仅如此，孩子似乎比以前更开朗了，喜欢出去和小朋友一起玩耍，不再待在家里缠着爸爸妈妈陪自己玩了。

平日里，时不时地还会冒出一句成语，让婷婷妈妈惊讶不已。看着孩子一天天长大，婷婷妈妈更加肯定了自己的判断，孩子更要培养其主动与人交往的习惯。

在事例中，婷婷的身上发生了很多变化。从这些变化中，我们看到了社交对孩子的各个方面成长的影响巨大。因此，家长一定要从小培养孩子主动、广泛地交往的意识。

首先，家长先要帮助孩子摆脱恐惧心理。

很多孩子之所以不愿意主动去参与社交，主要是担心自己主动和他人交流会遭到拒绝，陷入无限尴尬的局面中。其实，这种担忧完全没有必要。因为，人与人之间的关系，看似陌生，其实只是隔着一层窗户纸这么简单。很多人在心底深处是渴望与别人沟通的，这时，孩子们的主动出击不仅不会遭到拒绝，还会因为迎合了对方的心理而引起对方积极的回应，丝毫不会出现尴尬的场面。即便是出现了尴尬的场面也无所谓，这不是你的错，你做了你应该做的事情，锻炼了心理素质，至于他人怎么想、怎么做与你无关，何必庸人自扰。

其次，帮助孩子树立起自信心。

很多孩子不愿意主动社交，是因为自信心不足，在与人沟通时紧张。在这种情况下，家长平日里需要多鼓励孩子、多赞美孩子，提高孩子的自信心。孩子并没有我们想象中那样复杂，他们总是能因为家长的一两句话而很快地调整好心理状态。

而最后，强调一点，家长是孩子的榜样，是孩子模仿的对象。因此，家长在要求孩子主动社交时，自身要为孩子树立榜样，集勇敢、大方、智慧于一身，主动与人社交。朋友是孩子们了解外界的窗口，朋友越多，孩子与外界接触得越多，心灵就会越开明，生活也会越明媚。交一个好朋友，犹如饮一壶美酒、抚一手好琴，让人回味无穷。

告诉孩子如何应对被欺负

有一天，儿子对强强妈妈说："妈妈，今天学校里一个小朋友把我推倒了，还不向我道歉。"

"那你怎么办的？"强强妈妈漫不经心地问道。

儿子非常生气地说道："我告诉了老师，老师狠狠地批评了他。"

"老师已经处理过了，他已经受到了惩罚，我们就原谅他吧。"强强妈妈说。

"可是，他依然没有向我道歉呀。"儿子瞪着小眼睛，一本正经地说道。

"是这样呀，那你准备怎么办呢？"强强妈妈引导性地提问。

"我也不知道。"

"你是不是想让小朋友向你道歉呀？"强强妈妈接着问道。

"是的，他推了我，应该向我道歉。"儿子坚定地答道。

"为什么不要求那位小朋友向你道歉呢？"强强妈妈说，"你可以问问小朋友为什么推你？如果不是故意的你会原谅他么？"

儿子点了点头，说："如果不是故意的，就原谅他。"

"如果是故意的呢？"强强妈妈问道。

"那就告诉他这样做是不对的，不是好孩子，我会告诉老师。"

"是的，并且要求他下次不许再推你，或者要求他向你道歉。"我补充道。

孩子接触社会之后，难免会遇到其他小朋友欺负自己的事情。作为家长，我们既不能太多干涉孩子们之间的事情，也不能放任孩子被其他小朋友欺负。想一想，我们小的时候，每家都有好几个孩子，谁被欺负了、谁被打了，根本没有家长会关注这些小事情，都是自己去处理的。这样子，反倒训练了我们应对问题的能力。

而现在的孩子，家长们耐心地呵护着，受了一点点委屈，家长的心里都会非常难过。很多家长一见自己的孩子被人欺负了，便立即怒发冲冠，冲上去保护自己的孩子。这种护子心切的心情可以理解，可是这种做法却不值得提倡。孩子们终有一天需要独立面对社会。到那时候，再有人欺负他，家长们又该如何做呢？我们保护不了孩子一辈子，俗话说："授之以鱼，不如授之以渔。"与其劳心费神地做孩子的"贴身保镖"，倒不如教会孩子如何保护自己，应对他人欺负自己的事情。

（1）了解孩子被欺负的原因，从根上加以解决问题。

孩子之间的关系非常单纯，一般不会欺负小朋友。如果你的孩子总是受欺负，先了解一下原因是什么。如果是自己孩子的问题，如不愿分享、说话不注意分寸等，那么家长们应该有针对性地加以解决、纠正。

（2）当孩子被同伴们欺负时，家长不要将怒火撒到孩子身上。

很多家长非常不理智，见到自己的孩子被人欺负了便立即愤怒起来，将孩子保护起来，回过头来大声呵斥自己孩子："你笨呀，怎么不还手，他打你你就打他呀。"这是多么粗鲁和无知的家长呀。小孩子之间的事情，磕磕碰碰都不算什么大事情，家长竟然气坏了，导致受欺负的孩子受了双重伤害。

事实上，当孩子受欺负时，家长应保持理智，尽量让孩子自己处理与同伴之间的事情。可能第一次孩子处理得不是很完善，但不要紧，慢慢来，相信第二次一定会比第一次更好。

（3）提一些意见，主要还是以宽容性的意见为主。

对于孩子处理被欺负事件的方式方法，家长可以适当提出建议，让孩子自己思考要不要采纳，尽量引导孩子采取宽容对方的解决方式。

（4）引导孩子思考如何避免类似事件的发生。

解决问题的主要目的就是避免类似事件的发生。因此，一方面孩子们之间要就此达成解决方案，另一方面家长之间的沟通也是必要的。家长们首先要自己检讨自己的孩子，互相道个歉，共同商量一下如何预防类似事件的发生，关键是让孩子受到教育，不光只是批评。只要双方家长共同努力，就一定能够达成完美的解决方案。

孩子们之间吵吵闹闹是非常正常的，家长不要过于紧张，轻易地将一些争吵定义为欺负。家长应该放开手脚，尽量让孩子自己解决问题、处理各种矛盾。这是孩子成长路上必不可少的过程，谁也无法代劳。

与异性相处：孩子必修课程

在孩子三岁时，他们就已经产生了交往的欲望，愿意和同龄人一起玩耍。这时候，在孩子的意识里，男孩和女孩没有什么区别，都是好朋友。而随着孩子年龄的不断增长，孩子们开始渐渐地分清性别了。虽然孩子们已经有了性别之分的意识，但是男孩、女孩在一起相处依然有很多好处。

某学校的一位班主任在为“六一”儿童节准备节目。令他奇怪的是，单独让女生们唱时，声音总是很小，学生们的精神状态也不佳；单独让男生们唱时，也是乱糟糟地，没有一点朝气。最后，他决定让男生和女生组成一个男女大合唱团队，结果，同学们的精神面貌都非常好，充满了活力，声音也非常洪亮、动听。

这就是典型的“异性效应”。在社交活动中，异性相处会产生一种特殊的、相互吸引的激发力，对人们的学习与生活产生出积极的促进作用。异性相处可以使孩子们相互弥补、丰富各自的性格，提高应对和解决问题的能力。

同时，异性相处还可以消除性别的神秘感，有助于孩子之间形成纯洁的友谊，有效地预防“早恋”。由此可见，异性相处的确好处多多。

那么，既然异性相处有这么多好处，作为家长，我们如何帮助孩子养成良好的异性相处的习惯呢?

（1）端正态度，谣言止于智者。

很多俗人总是喜欢八卦一些有的没的事情，把正常的异性交往想成乱七八糟的龌龊事情。面对这种人，家长应告诉孩子，不要理会，只要自己内心无愧就行。异性相处是社交的一部分，是非常正常的事情，没有任何人规定男女不能成为好朋友。事实上，真正的友情是没有男女之分的，真正的友情也是经得起任何谣言考验的。

（2）不要太紧张早恋问题，鼓励孩子多交异性朋友。

现在中学生早恋的问题非常普遍，哪个学校都有。为了避免这个问题的出现，很多家长会严格管控孩子与异性交往的次数。这种管控不仅没有有效地缓解孩子早恋的问题，反而加重了孩子结交异性的心理。孩子们正处于青春期，他们渴望得到关注，尤其是异性的关注。对此，家长要保持平常心，正常看待孩子们之间的友情，不要横加阻拦，更不要出现私拆孩子信件的事情。很多时候，只要家长不紧张、不阻拦，事情反而会在正常的范围内正常发展。

如果孩子确实出现了早恋倾向，也不要因此而阻止孩子们之间的交往，要静下心来好好与孩子沟通一下。处于青春期的孩子，有这方面的冲动也很正常，家长要理解，同时要引导孩子将目光放远一点，做一个有自我约束力的孩子。谁没有年轻过呢，又何必非要孩子们违背真心，做一个不食人间烟火的神仙呢?

（3）认真对待孩子的性教育，消除孩子对异性的好奇心。

好奇是孩子的天性。随着青春期的到来，孩子的身体发育得几近成熟。这时，对异性产生好奇心理是很正常的事情。家长应该告诉孩子不要有负担，通过健康渠道让孩子一点一点地消除对异性的好奇心，引导孩子向着健康、理性、符合道德标准的方向发展。

（4）做孩子的朋友，及时了解孩子的内心变化。

青春期的孩子，心里开始装着各种小秘密了。家长要多与孩子进行沟通，做孩子的知己，及时排解孩子的冲动心理。不要采取粗鲁的手段阻止孩子与异性之间的交往，只有顺应自然规律才能取得完美的结果。

与异性交往是每个孩子成长过程中的必修课。孩子对异性产生好奇心是件非常正常的事情，家长不应大惊小怪，要对孩子表示理解，然后与孩子坦诚相对，心平气和地引导孩子走上正确与异性交往的道路。在这个过程中，作为家长，我们不要让孩子孤军奋战，应和孩子站在一起，为孩子排忧解难，让孩子顺利度过敏感期。

第十章

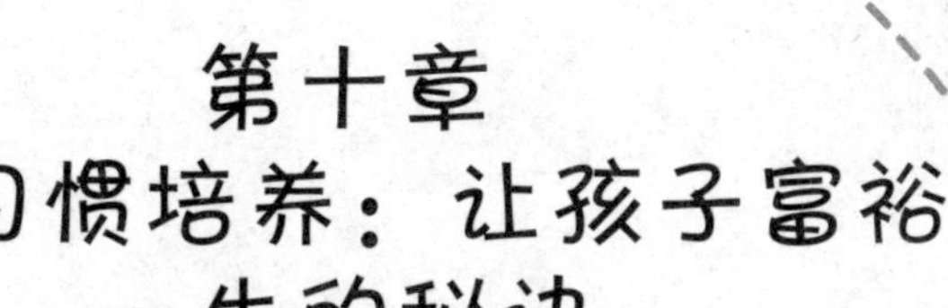

理财习惯培养：让孩子富裕一生的秘诀

留给孩子最好的财富不是金山银山，而是良好的理财习惯及投资的头脑。培养孩子的财商，从“零花钱”开始。

你的孩子有理财意识吗

很多人认为财富是万能的，有了它就有了一切；也有人认为财富是邪恶的，为了得到它，很多人丧失人性，做出了伤害他人的事情。其实，财富只是一种工具——生活中处处离不开的工具。它是为人类服务的，只要人们能够很好地利用它、保管它，就能够将这个工具运用得得心应手。

小明是一个富二代，与一些不学无术的富二代相比，小明学习优秀、自立性强，尽管家里非常有钱，但是却从不铺张浪费。在学校里，很多孩子家庭条件很一般，但却依然穿名牌衣服、名牌鞋子，背名牌包包。在这些孩子看来，小明简化是抠门到家了。

小明从来都不穿名牌，衣服只要干净舒适就足够了。这个习惯的养成得益于他的家庭教育。小明的父母都是业内有头有脸的人物，在日常生活中从来都不讲究吃穿。尤其是小明的爸爸，腰缠万贯，依然节衣缩食。去商场里买衣服，从来不买正价的衣服，专门在那些特价衣服堆里挑。尽管小明爸爸在生活上非常节俭，但在生意场上却挥金如土。上一条先进生产线，需要大几千万，小明的爸爸连眼都不眨，大笔一挥：准。小明爸爸常对儿子说："钱要花在该花的地方，不该花的钱一分也不要多花，这是对财富的一种尊重。"在爸爸的影响下，小明也养成了很好的理财习惯。

有一次，全班同学为一名即将离开的同学送行，大家凑了凑零花钱，决定出去吃个饭。同学们边吃边谈，有说有笑的，气氛很好。等到吃完饭时，小明起身离座，不小心将衣服兜里的1块钱掉到了下水道里。看着脏兮兮的下水道，同学们都劝小明别捡了，不就1块钱么，不值得弄脏手。小明没有理会，他跪在地上，伸手去捡。由于小明的手臂不够长，尝试了几次都没有成功。见状，有的同学看不过去，过来拉他，“小明，小明，算了，别捡了，就1块钱，你也不缺，实在不行我给你1块钱，行不行？”小明笑了笑，没有理会。这时，一位服务员大妈走了过来。见状二话没说，蹲下身子便捡起硬币，用纸巾擦了擦，递给了小明。看着朴实的大妈，小明掏出了100元钱交到服务员大妈手里，“阿姨，谢谢您帮我。”

事后，同学们都有些糊涂，这小明是不是脑子有问题呀，为了捡一块钱，赔进去了100块钱。可小明却说：“我的确不差这1块钱，但是如果我现在不捡起这1块钱，那么它就将永远留在下水道里没有任何价值。而服务员大妈帮助了我，从又脏又臭的下水道里捡起来硬币，100元钱是她应得的。我做的事情，只是让每一分钱都能充分体现出它的价值。”同学们听完之后，都羞愧地低下了头。从此，再也没有人说小明抠门了。

财富的价值在于流通。让财富体现自己的价值，是对财富的尊重。孩子们要从小养成良好的理财习惯，不仅不浪费钱，还要把每一分钱都花得有价值。理财是一种意识，是家长们在孩子很小的时候灌输给孩子的一种潜意识。有了这种理财的潜意识，孩子们才会有意识地管理自己的财物，让每一分钱都能体现出自身的价值，同时，还能尽量做到“钱生钱”。没有天生的生意人，任何一个成功的生意人，除了经商的能力之外，还必须具备良好的理财意识。对于孩子而言，财商同样是未来立足社会的重要技能。

那么，该如何培养孩子的理财意识呢？

（1）在孩子到了一定年龄之后，可以设立一个银行账户，将自己的零花钱和压岁钱存在里面。家长需要引导孩子了解一些储蓄的基础知识，如让孩子根据利息的不同选择不同的存款方式。

（2）鼓励孩子建立一个收支明细账，以便孩子清清楚楚地了解每一分钱的去向，定期分析哪些钱该花、哪些钱不该花，从而不断调整消费方式。

（3）鼓励孩子利用假期的时间去赚一些钱。利用假期打工的孩子很多，有的是为了减轻父母的负担，有的是为了锻炼自己的能力，有的是为了下学期零花钱更充足，等等。不管出于什么目的，这种方式与意识都是好的，家长们应当支持孩子靠自己的能力赚一些钱。

（4）告诉孩子钱该省的时候省，该花的时候要毫不吝啬。钱花得有价值、有意义，这样的支出，作为家长，应告诉孩子一分都不用省。

记住，理财不仅仅能够更多地积攒财富，更重要的是可以锻炼理财思维。从小培养孩子的理财意识，有助于孩子之后数十年的幸福。

好孩子必须会理财、善理财

德国著名教育家卡尔·威特认为："理财能力是孩子将来在生活和事业上必须具有的最重要的能力之一。这是一种素质，它关系到人一生的生存和幸福。"的确如此，对孩子进行理财教育，不仅仅能让孩子学会如何更多地积攒财富，更能促进孩子向更好的方向发展。理财教育非常重要，没有进行理财教育的家庭教育是残缺不全的。

楚依非常善于理财。这一天，老师当众表扬了楚依，并请他介绍一下自己的理财计划。原来，从楚依记事起，妈妈每个月会给他 100 元零花钱。这个零花钱怎么用，依依妈妈并不干涉。只是经历过几次没有钱买文具，不得不握着小笔头做作业之后，楚依渐渐地才有了理财意识。

从最初的每个月拿出 20 元钱作为买文具的专用款开始，逐渐递增专用款项目。现在楚依的理财计划已经非常完善了。

100元的零花钱，分成：

50元的日用零花钱，主要用于购买一些零食。例如，夏天时，天气炎热，经常会吃一些雪糕降暑；课间时饿了，会买一些小点心之类的食物；偶尔和同学们一起看个电影，等等。

20元的文具专用款，主要用于购买学习用文具、书本，等等。

10元的固定存款。依依有了存款的习惯后，每个月会从自己的零花钱里省出10元钱放进储蓄罐里。直到前几天，依依的储蓄罐里整整存储了500元现金，为此，妈妈给他专门开了一个银行账户。这样一来，依依也是一个有存款的人了，每个月还有利息。

10元钱捐给希望工程。妈妈从小就教育依依要做一个有爱心的好孩子。依依和山区的一个小朋友组成了“一对一互帮队”，每个月都会给这名家境贫寒的小朋友寄去10元钱。

最后的10元，依依用来为朋友、家中的长辈买一些礼物。尽管礼物很便宜，但是却代表了依依的心意。家中的长辈们接到依依的礼物时，总是会非常高兴。说到这里，依依调皮地说道：“告诉大家一个秘密，每次给爷爷奶奶买礼物时，他们都特别高兴，一高兴就忍不住奖励我一个大的红包。所以，小朋友们给爷爷奶奶买礼物，一点都不亏呦。”

同学们听完都哈哈大笑了起来。

从这个真实的例子中不难发现，那些接受过财商训练的孩子们在理财方面的确占有优势。曾有人做过这样一个统计，在一所幼儿园里，80%的孩子没有固定的零花钱，买什么东西都需要家长陪同，在家长的允许下进行。仅有10%的孩子有固定零花钱，并且有自行处理这些零花钱的权利。这个结果说明家长们对培养孩子理财能力的重视程度还不够。尽管近年来有意识地培养孩子理财能力的家长越来越多，人们对孩子财商的重视程度也越来越重。

作为家长，“授之以鱼不如授之于渔”，给孩子留下再多的财产都

不如教会孩子如何理财。

（1）培养孩子理财的意识。

所有的父母都希望孩子将来能够幸福。因此，他们马不停蹄地四处奔走，希望可以为孩子积攒更多的财富。但是留给孩子很多财富就能保证孩子一辈子衣食无忧了么？答案是错的，再多的财富总有被花完的一天。只有那些会自己赚钱的孩子，才应能创造源源不断的财富，才能保证自己的生活衣食无忧。因此，父母应从小培养孩子的理财意识，让孩子赢在起跑线上。

（2）在关键时期，训练孩子的理财能力。

研究表明，孩子在 5~12 岁时，财商发展得最为迅速。父母们一定要把握住这个时期，给孩子足够的空间，让孩子拥有实际的锻炼机会。

（3）尽可能地让孩子接触一些理财知识。

理财不仅仅是为了更多地积攒财富，更多的是为了培养孩子的理财思维。无论是不是需要做生意，拥有一定理财知识和理财意识的孩子在未来的发展中才会拥有更多机会。

对于优秀的孩子而言，智商、情商和财商缺一不可。智商体现了孩子的思考、创造能力，情商体现了孩子为人处世的能力，财商体现了孩子的理财能力。一个优秀的孩子一定会理财、善于理财。因为，智商低的人是傻瓜，情商低的人没有朋友，而财商低的人是没有办法在这个世界上生存的。

让孩子学会比价和记账

近年来，人们生活水平在不断提高，而物价也在飞速增长，这意味着对孩子理财能力的要求更高了。理财能力低的孩子，不懂得计划着花钱，他们往往凭着感觉乱花，手里的钱很快便花光了，接下来的日子就相当难过了。所以，家长应及时与世界接轨，从小培养孩子的理财意识，帮助孩子养成理财的习惯。

浩浩的妈妈总是喜欢和小浩浩做这样的游戏：

“快来买呀，买玩具了，便宜的玩具。”浩浩妈妈大声叫卖着。

相对于假扮商贩的妈妈，浩浩的角色是购买者。

“这个多少钱呀？”浩浩问道。

“这个呀，50元。”浩浩妈妈答道。

“便宜点吧，太贵了。”浩浩学着妈妈买东西的样子，说道。

“真棒宝贝，表现得非常好。”妈妈表扬了浩浩。

渐渐地浩浩又长了一岁。

“快来买呀，买玩具了，便宜的玩具。”浩浩妈妈大声叫卖着。

“这个多少钱呀？”浩浩问道。

“这个呀，50元。”浩浩妈妈答道。

“便宜点吧，太贵了。”浩浩说道。

“不能便宜了，这个质量好。”妈妈说道。

“同样的东西，旁边那家就比你家的便宜。你也便宜点吧。”浩浩一本正经地说道。

“真棒宝贝，你表现得太好了。”妈妈又一次表扬了浩浩。

又过了一段时间。

“快来买呀，买玩具了，便宜的玩具。”浩浩妈妈像往日一样叫卖着。

“这个多少钱呀？”浩浩问道。

“这个呀，50元。”浩浩妈妈答道。

“便宜点吧，太贵了。”浩浩说道。

“不能便宜了，这个质量好。”妈妈说道。

“人家的东西和你家的一样，价格可比你家低，便宜点吧。”浩浩说道。

“那好吧，给你便宜5元钱吧。”妈妈妥协了。

浩浩拿起要买的东西，将45元钱递给了妈妈。一切都如浩浩妈妈期待的一样，浩浩做得非常好，只是有一点浩浩妈妈有些不明白。浩浩拿着商品，来到书房，找了一个小本子，像是写了什么。浩浩妈妈忍不住问道："浩浩，你在做什么？""我在记账呀，你每次花完钱不都记账么，我在学你呀。"

"天啊，宝贝，你真的很棒。"妈妈抱起浩浩，使劲地亲了一口。

事例详细讲述了小主人公浩浩理财意识不断增强的过程。从最初简单的还价，到价格比较，再到记账，浩浩的理财思维一步步地成型、成熟。不可否认，浩浩妈妈的财商教育非常成功，对孩子今后的影响也是非常巨大的。人这一生，总会遇到一些很完美的机会，抓住了就能轻而易举地成功，获得很多财富。这原本是一件好事情，可是对于那些财商很低的人而言，再好的机会也不能弥补财商低这个致命的缺点。因为其不懂理财、不善理财，即使其拥有再多的财富也终究无法留住富贵。

因此，建议家长应引导、帮助孩子从比价和记账开始，不断提升其理财能力。

第一，家长要让孩子对金钱有一定的认识。目前国内流通的货币为人民币，它是市面上一切物品的交换中介。人民币的面额分为一元、五元、十元、二十元、五十元、一百元。了解了这些之后，孩子对金钱会有一定的认识，同时也能认识到金钱是一种工具，可以用来交换很多东西的工具，从此倍加珍惜金钱。

第二，家庭条件再好也要穷养孩子。过于丰富的物质生活，的确能够带给孩子一时的快乐，但却容易让孩子养成挥金如土的坏习惯。只有那些穷养的孩子，才懂得金钱的宝贵，不浪费一分钱。

第三，家长在要求孩子比价、记账的同时，自身也要做到。正如事例中的浩浩，他的理财习惯完全是向妈妈学习来的。由此可见，家长的言行举止对孩子潜移默化的影响是非常巨大的。没有任何方法比父母以身作则的方式更有效果。

家庭理财：最好的教育是熏陶

经常会听到人们这样评价某个人："这人才能干呢，能挣也能花。"从理财角度讲，能挣也能花并不是一件好事，说明这个人有赚钱的能力，却没有理财的能力。

天天的爸爸和妈妈从农村来，凭借着一股子勤劳、肯干的精神，在城市里面闯出了一片自己的小天地。随着物质生活水平的提高，天天妈妈也不再像过去那样精打细算，敢花钱了，一顿饭竟能花掉 2000 多块，天天妈妈俨然一副"我能挣，也能花"的豪爽气势。

俗话说："上梁不正下梁歪。"天天好的学不会，父母挥金如土的挥霍习惯竟然学得有模有样。"爷爷，我想吃醋熘鱼肚了。"放学一进家门，天天就对正在厨房忙碌着的爷爷说道。

"好，爷爷先想想怎么做。"天天爷爷答道。

"不用想了，我打电话给聚宝斋，让他们的师傅做一份送过来吧。人家饭店里做出来的饭菜就是好吃。"说着，天天拿起电话，拨通了聚宝斋的点菜电话。

"呦，厉害呀，儿子，你都学会电话订餐了。"天天妈妈一进门就忙着夸奖自己的孩子。

这样的家长简直让人哭笑不得。孩子真正需要表扬时，从来不见他赞扬孩子一句，反倒是孩子学会某些坏习惯时其总能在第一时间赞美孩子。那么小的孩子，学着大人的样子大吃大喝，是件好事情么？成年人因为能够自己赚钱养活自己，他有权力吃一些想吃的东西、喝一些喜欢的饮料、穿一些自己喜欢的衣服，等等。那么孩子呢？他可以肆意妄为

的权力是谁给他的？是我们的父母，愚蠢的父母。为了孩子能够过得更好，他们总会牺牲自己而满足孩子的要求。这种溺爱，养成了孩子大手大脚的花钱习惯，让孩子在理财方面一窍不通。那么，将来有一天，父母老了，再也没有能力满足孩子的请求时，孩子又该怎么办。

所谓“吃不穷，穿不穷，算计不好就受穷”，说的正是家庭理财的重要性。作为家长，我们有责任教会孩子如何进行家庭理财，这是家庭教育中重要的一部分。因为只有家庭经济得到保证，孩子们的生活才能正常进行，财富永远都是家庭幸福的保障。

做好家庭理财，父母最好的教育方式就是熏陶。

（1）做好家庭理财，首先要确立理财的目标。

家庭理财的实质就是开源节流，增加家庭收入，节省家庭开支。这样做的目的有很多，如有的家庭是为了买车、买空调、外出旅游、存钱，等等。想要做好家庭理财，必须要有明确的目标。目标是人们做事的动力和方向，有了明确的目标，家庭理财才能事半功倍。

父母在教育孩子做好家庭理财的同时，自己先要确立家庭理财的目标，并将这个目标传达给每个家庭成员，然后全家齐出动，为了实现目标而共同努力奋斗。这样的行为会潜移默化地影响到孩子。

（2）让孩子参与到家庭理财之中。

实践是掌握某种技能最好、最直接、最有效的方式。对孩子最好的财商教育方式，就是让孩子亲身体验，参与到家庭的理财活动中来。例如，一个家庭为了购置一台空调，设定了一个半年时长的理财计划：

每月家庭开支 4000 元，其中，孩子的教育费用 1500 元，家庭生活费用 2000 元、养车费用 500 元。为了“节流”，首先车辆的费用要限制在 200 元，可以不开私家车，改坐公交车上班。家庭日常生活费控制在 1500 元左右，这样一个月下来能够节省 500 元。同时，孩子每个月的零花钱由 150 元缩减到 100 元。这样下来，半年的时间，整个家庭共可节省 4500 元。

同时，家庭存款也应做一个理财计划，为期半年，比普通储蓄的利息合计高出 2000 元。这样，节流四千五百元，开源 2000 元，共计 6500 元。

半年时间，这份家庭理财计划成功开源节流了 6500 元，基本上可以购买一台性能一般的柜式空调了。在这份计划中，孩子作为家庭成员的一份子，也为理财目标的实现贡献出自己的力量，共节流 300 元。

最后想说的是，家长要摆正心态：重视家庭理财，不要认为过日子花不了几个钱，于是便干脆忽略不计。这样的心态不仅会造成金钱的浪费，同时也会影响到孩子的家庭理财观念。事实上，家庭理财非常重要，能积攒很多的财富，节省和浪费之间的差距甚至能够达到上万元。家庭生活从来都不单单是柴米油盐，需要通过有计划地理财来持家。

勤俭节约：每一分钱都来之不易

勤俭节约是中华民族的传统美德，在今天这个物欲横流的时代里，唯有那些懂得勤俭的孩子才能拥有幸福的家庭，才更有机会创造成功。

闯闯的爸妈有能力，年纪轻轻就赚了很多钱。受爸妈的影响，闯闯在花钱方面可以说是十分豪爽。每个月除了爸妈给的零花钱外，爷爷奶奶还会给，全部加起来竟有小 5000 元呢。瞧，闯闯小小年纪竟是一名高薪收入者。

在这种情况下，一般稍有节俭意识的孩子，一年下来怎么着也会攒个几万元钱。可是闯闯不仅没有存款，还是负资产——零花钱不够。

每月一身名牌，花掉了将近 3000 元，用闯闯的话说：“不尽兴呀，到了品牌店只能挑选一些中低档的衣服。”的确，世界一线品牌的衣服，几十万元的价位都有。然后就是经常和同学看看电影。闯闯是个电影迷，

新电影一上线必须要在第一时间欣赏，同学们一起边看边吃点东西，一场下来大约需要100元的开销。每个月看上个五六场，小1000元就没有了。偶尔赶个时髦，几个同学之间请请客，举办个聚会、野餐之类的活动，1000元又进去了。这样一来，闯闯的5000元零花钱的确不够花。

试想，一个孩子，每个月5000元的零花钱还不够花，这意味着什么？铺张浪费！5000元的消费水平，是一个零收入的孩子该有的消费么？好，家里有钱，父母能赚，可以供养得起。那等孩子长大了呢，小的时候孩子的消费水平都以如此之高，长大之后恐怕只能增加而不会递减吧，5000还是50万呢？什么样的家庭财力可以让孩子如此挥霍？

"家庭再富有，也要穷养孩子"，这是目下很多专家们给出的建议。相比于我们父辈，现在的孩子已经生活得非常幸福了，不要再想着怎么让孩子过上更优质的生活了，很多好的生活习惯恰恰是被这种优质的生活磨灭了的。作为家长，我们要从小培养孩子勤俭节约的生活习惯，这样孩子才能长大成人，不要糊里糊涂地培养出一个顶级败家子。

（1）"历览前贤国与家，成由勤俭败由奢。"

"历览前贤国与家，成由勤俭败由奢。"这句诗出自唐朝著名诗人李商隐。李商隐虽是婉约派诗人，但是作这首诗时却坚定决绝。勤俭节约是成就孩子美好人生的重要品质，任何的失败皆由奢侈而来。奢侈浪费会滋养出很多不好的欲望，这些不良的欲望会让人变得贪婪、贪图享受，追求奢靡的生活，最终势必灾祸临头。

（2）"一粥一饭，当思来处不易。"

明朝著名理学家朱柏庐先生在《朱子家训》中曾这样说过，他也是这样教育自己的孩子的。作为父母，我们要向朱柏庐先生学习，教诲自己的孩子：从小事做起，珍惜每一分钱，养成勤俭节约的好习惯。孩子是父母生命的延续，在没有成年之前，父母是孩子生活的保障，为了养育自己的孩子，每一位父母都要花费很多金钱。因此，孩子要学会体谅父母的艰辛，要勤俭节约，花每一分钱时都要想到它的来之不易。

（3）“当用则万金不惜，不当用则一文不费。”

这是著名企业家李嘉诚的理财原则，适用于所有人，包括孩子。家长在培养孩子勤俭节约的好习惯的同时，应该让孩子清楚地认识到：节俭并不是吝啬，不是抠门，而是美德，是良好修养的体现。世界首富比尔·盖茨拥有着巨大财富，但却依然保持着勤俭节约的生活习惯。在他看来，越是成功、富有的人越应该用好每一分钱，让金钱体现出它的价值才是成功的理财专家。

美国大富翁沃伦·巴菲特被称为“屡创奇迹的投资家”，拥有很多财富，而他的生活准则却只是“简单、传统和节俭”。衣服穿旧的，钱包用旧的，汽车也是旧的；格瓦·坎普拉德，那个曾超越比尔·盖茨而成为世界首富瑞典宜家(IKEA)的创始人，出门却只坐经济舱，私人座驾更是足足用了15年之久。这些世界级富豪尚且如此崇尚勤俭节约的生活，更何况我们的孩子呢？

教孩子成为一个理智的消费者

优越的生活环境，让孩子忽略了节约，滋生了随意消费的习惯。越是富裕的家庭，孩子的消费观越容易偏离轨道。如何帮助孩子树立正确的、理性的消费观，对富裕家庭确实是挑战；如何确保孩子们有能力利用好上一代人好不容易积累起来的财富，过上幸福的生活，是每位家长都应当思考的问题。

春节，在这个喜庆的日子里，孩子们总是最高兴的，不仅有好吃的，还有红包可以拿，这就是中国的习俗。春节期间，孩子们给长辈们拜年问好，而长辈们都会或多或少地给孩子一些红包作为压岁钱，希望孩子能够健康成长。

峰峰今年10岁，上小学四年级。春节期间，爷爷奶奶、叔叔婶婶、姑姑舅舅们都会给他压岁钱，积少成多，其每年都能收到几千元压岁钱。今年更是不同，为了表扬峰峰考试得了第一名，大家决定压岁钱翻番。这下子，峰峰可成了地地道道的小富豪，足足收到了7900元的压岁钱。这么一大笔钱，让峰峰乐得嘴都合不上了。

尽管春节还没有结束，峰峰便已经忙着计划怎么花这笔钱了。“嗯，有钱了，再也不用求着妈妈给我买变形金刚和游戏机了，我自己有能力购买了。对了，还有捷安特的赛车，那可是我垂涎已久的神器呀，骑上它上学，简直美爆了。”想着想着，峰峰忍不住乐出了声音。

红红也很高兴，春节期间压岁钱收得也不少。自己已经计划好了，等到快开学时，去街上最时尚的理发店做个头发，再好好买几身漂亮衣服，将自己打扮得美美的。

帅帅更是心急，春节假期还没有过完，收到的4400元压岁钱就快花完了。一双正品旱冰鞋，一只限量版的篮球，外加爱迪达斯最新款的运动装，很快压岁钱就只剩下寥寥数张零钱了。

对此，家长们简直头疼死了。压岁钱是长辈们给孩子的，完全收回，会伤害孩子，破坏过节的气氛；不没收，让孩子自己支配，孩子们又如暴发户一样横扫商场，毫无理性可言。事实上，问题的关键根本就不在压岁钱上面，而在孩子的身上。面对着“巨大的”财富，孩子有没有能力保持理性的消费？其实，想要孩子养成理财的好习惯，首先应引导孩子做一名理性消费者。具体做法如下：

（1）给孩子一定的钱财，让孩子自由支配。

家长对于年龄稍大一点的孩子应该给予一定钱财，让孩子自由支配。同时，应该与孩子一起制订理财计划，明确告知孩子不能铺张浪费，要珍惜每一分钱；如果孩子购买一些不合乎身份的消费品，就要“剥夺”他自由支配财物的权利。

（2）培养孩子储蓄的好习惯。

为孩子准备一只储蓄罐，让孩子养成储蓄的好习惯。时间一长，当孩子看到自己的钱财不断地增长，定然会激发其理财的积极性。从而不用家长催促，孩子便自发地学习、了解理财的相关知识了。

鹏鹏就是这样一个爱存钱的好孩子，从 8 岁起就养成了储蓄的好习惯。将过年收到的压岁钱储存起来，将自己平日里节省出来的零花钱储存起来。小小的孩子，竟然拥有近 20000 元的存款了。用鹏鹏的话说："我还要继续存钱，存得更多一些，将来等到考上了大学，我还要利用假期一边学习一边打工。靠这些存款和打工的钱养活我自己，不用再依靠父母了。"

（3）增强孩子勤俭节约的思想意识。

随着生活水平的不断提高，铺张浪费的现象随处可见。很多孩子受到大环境的熏陶，渐渐忘记了什么叫勤俭节约。而作为父母，我们要从小教育孩子做一名勤俭节约的好孩子，让孩子意识到勤俭是美德、浪费是可耻的。

帮助孩子树立科学、理性的消费观，是财商教育的重要组成部分，它带给孩子的不仅仅是物质财富的积累，更重要的是它作为一笔宝贵的精神财富将让我们的孩子终身受益。

投资与风险：培养孩子的风险意识

众所周知，投资有风险，而想要获得财富就必须承担风险。风险似乎与一个人的财富潜能紧密相连。没有冒险精神，可能永远也无法超越自己，创造财富神话；而太过具有冒险精神，似乎又有些盲目、不理性。实际上，财富就是在不断的尝试、冒险中逐渐积累起来的。所以，从某种意义上讲，一个孩子是否具有科学的风险意识决定着他

创造财富的能力。

投资分为三种：稳定性投资、理想性投资、风险性投资。

稳定性投资：风险最低，没有特殊情况基本上为零风险，如储蓄。

理想性投资：有一定风险，回报也合理，如理财的产品、基金、储蓄型保险，等等。

风险性投资：风险很高，同时回报也很高，如股票、期货之类。

无论哪一类投资，都带有一定的风险性。风险与回报并存，高风险高回报，一直都是投资行业默认的投资规则。对于普通人而言，不建议盲目投资一些风险系数较高的产品。即使经过了慎重考虑之后，决定投资时也要做好承担失败的准备。

付斌16岁了，有着很强的理财意识和投资意识。从小就有储蓄习惯的付斌存储了大约4万元钱。近年来，随着年龄的增长以及思想的不断成熟，付斌已经不满足于简单的储蓄投资了，他开始了解一些风险系数较高的高回报投资。前段时间，付斌买了2万元理财产品。这个产品的利息比普通储蓄的利息高出15%，风险系数也不高。半年下来，付斌只利息就多收入了3000多元。这次投资的成功，让付斌尝到了甜头。他开始不断地探索各类理财产品，将自己小金库的资金全部分散出去，尝试着各种理财方式。

风险低，回报高，这样的理财产品几乎没有。有几次，付斌壮着胆子尝试了几种高风险的理财产品，结果还不错，到期后，本金顺利回收，利息也很可观。于是，付斌的风险意识有些降低，他认为："可能也没有爸妈说得那样可怕，终究他们不怎么研究投资，说不定我在投资方面有天赋，总能顺利度过风险期呢。"

于是，有些飘飘然的付斌开始接触风险系数更高的理财产品——股票了。一直听别人谈论股票——今天赚得盆满钵满，明天又赔了，付斌想要尝试一下，"不冒险怎么获得财富呢？如果我在高中毕业之前就成了一名富翁，那我就成为中国版的巴菲特了。”带着这个美丽的梦想，付斌显得有些冲动。他将所有的存款全部都投进了股票市场。

不否认总会有那么几个天才孩子，在某些方面拥有着超乎常人的天赋。但是这样的孩子终究是少数。大多数孩子还是需要后天的努力才能成为某一领域里的高端人才的。付斌就是这大多数里的一名，没有经过任何的调研和学习，盲目地将全部存款投入到股票市场中，没有奇迹出现的话，结果已经可以预料出来了。短短数日，付斌的存款就淹没在了股票波动的浪潮里。这让付斌难以承受，情绪几近失控，严重影响到了他的正常学习。

很多时候，人们常会说：“梦想是美丽的，现实是残酷的。”付斌的经历就有这层意思。天下没有免费的午餐，任何理性的投资者在投资之前都必须经过详细的调研与了解，做好应对一切后果的准备。投资伴随着风险，家长们在对孩子进行理财教育的同时，一定要培养孩子的风险意识，让我们的孩子充分认识到风险的存在，尽管它是看不见也摸不到的。

做任何事情都不能保证百分之百地成功，总会有出现意外情况的概率。培养孩子的风险意识，有助于提高孩子应对突发事件的能力，提高孩子的心理承受力。在我们的生活中，无时无刻没有理财，每个人都会参与到赚钱、花钱、投资的事情中。任何环节都伴随着风险。只有有风险意识的人，才能够做出理性的投资方案来。

投资之所以吸引人，除了高额的回报外，还有克服困难后征服金钱的成就感。为了将这种成就感控制在合理范围内，家长必须从小就培养孩子的风险意识，以便孩子在投资中做出更理性、更准确的决策来。

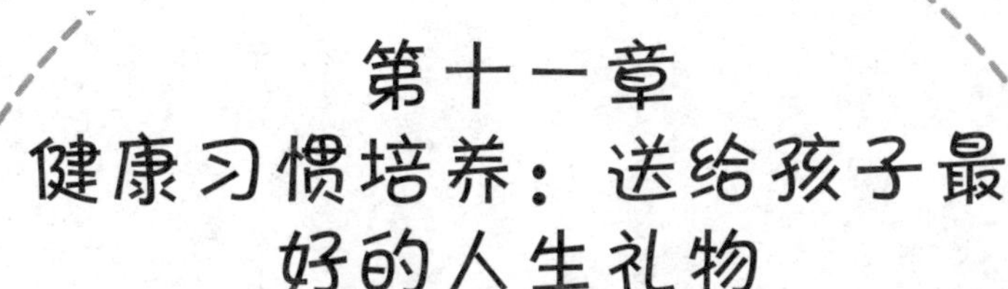

第十一章 健康习惯培养：送给孩子最好的人生礼物

身体是革命的本钱，健康是所有成就的前提。身为父母，我们一定不要光顾着督促孩子进步，而忽视了对他们健康习惯的培养。

良好睡眠习惯，精力更旺盛

每天保证正常的睡眠时间是很重要的，一般成年人的睡眠时间应该为七到八个小时，孩子的睡眠时间维持在九个小时最佳。这样才能够维持稳定的生物钟规律，有益于身体健康。俗话说："身体是革命的本钱。"对于孩子而言，没有健康的身体就没有获得幸福人生的本钱。因而，孩子们一定要养成良好的睡眠习惯。

宁宁的妈妈非常重视宁宁的睡眠习惯。为了能够让宁宁从小养成良好的睡眠习惯，宁宁妈妈可以说是亲力亲为，监督着孩子按时睡觉。按照妈妈的要求，宁宁每天晚上九点必须上床睡觉，早上七点半起床，中午还要再睡上两个半小时。算下来，宁宁每天的睡眠时间高达13个小时。

老人们总是说，"孩子就是在睡觉的时候长身体的。"对此，宁宁妈妈深信不疑。面对着孩子每天13个小时的睡眠时间，宁宁妈妈认为不长，睡觉时间越长越好。直到有一天，宁宁妈妈参加了一个健康培训。专家专门讲述了有关"睡眠"的相关知识，宁宁妈妈才知道：睡眠时间并不是越长越好，要适度；过长或过短的睡眠时间对身体健康都是有害的。

的确如此，睡眠时间也有要求，过长或过短均有害于健康。正如事例中的宁宁妈妈，很多家长都非常重视孩子的睡眠问题，密切关注孩子的睡眠时间是不是足够，习惯性地认为睡眠时间越长越好。睡眠时间不足，的确有损身体健康。人们在白天的时间里耗损了很多机体能量，需要通过睡眠来补充。例如，晚上十点到凌晨两点是人体新陈代谢的时间段，在这段时间里旧细胞会死去，新细胞会生成。如果睡眠时间保证不了，人们的身体无法及时修复，长此以往，就会容易衰老。除此之外，睡眠不足还有很多危害，如从心理学角度讲，睡眠不足会引起人们的心理疲惫，导致情绪失控、焦虑急躁，还会引发消化不良、食欲减退、身体内环境失调以及抵抗力下降等问题。因此，足够的睡眠时间是调整身体状态、维持身体健康的保障。

然而，睡眠时间并不是越长越好，过长的睡眠时间同样会危害身体健康。研究表明，人们在睡眠中，各项机体活动均处于减弱的状态，新陈代谢降低，能量消耗少，大量的垃圾堆积在身体里，非常容易引发肥胖、生物钟紊乱、内分泌失调、心脑血管等一系列问题。

由此可见，养成良好的睡眠习惯绝非易事，既不能长时间睡觉，也不能熬夜，同时还应保证睡眠质量。因此，建议孩子们应做到以下几点：

（1）早睡早起。早睡早起身体好，是自然界的规律，顺应规律才能保持身体健康。

（2）睡前不宜进行激烈的运动。睡觉前做一些和缓的运动，时间不要太长，一般维持在 20 分钟足矣。

（3）睡前一杯牛奶能够保证睡眠质量。牛奶中含有催眠的成分，有助于使神经进入睡眠状态。

（4）睡前泡脚，有助睡眠。泡脚可以让人身体放松，精神放松。不仅如此，泡脚还能打通人体经脉，调节气血，是一项非常经济适用的保健方式。

（5）南北向睡眠。地球是一个大磁场，南北向睡眠能够顺应地球磁场，有效提高人们的睡眠质量，对治疗失眠、神经衰弱、血压不稳等慢性疾病有非常不错的疗效。

（6）枕头不宜过高。对于孩子而言，身体正处于快速发育期，枕头的高度不宜过高。特别是新生儿，可以考虑不枕枕头。

良好的睡眠，对于孩子来说非常重要。研究表明，良好的睡眠不仅有益于智力发展，对情绪也有很大的影响。如果孩子没有养成良好的睡眠习惯，会变得易怒、烦躁、活动能力减退、记忆力减退，等等。因此，作为家长，在关注孩子智力发展的同时，更应关注孩子的健康，帮助孩子养成良好的睡眠习惯尤为重要。健康是一切，没有健康的身体，任何成就都会显得无限苍白。

培养孩子长期坚持运动的好习惯

在公园里，天才蒙蒙亮，成群结队的人们就已经大汗淋漓了——显然，清晨的锻炼已经持续了一段时间。生命在于运动，坚持锻炼的确有益于身体健康，但是不科学的锻炼不仅不会起到锻炼身体的目的，还会有损于身体健康。

兰兰的父亲是一名保健医生，从小就注重培养孩子坚持锻炼的好习惯。由于长时间的锻炼，兰兰的身体素质非常好，几乎不怎么生病。这样一个注重健康又非常了解保健知识的家庭，却从来见不到他们的家人晨练。

一天，一位有晨练习惯的邻居张爷爷见到兰兰时问道：“兰兰，你这么爱好运动，怎么早上不出来锻炼呀？”

原来，这位老爷爷坚持晨练已经快30年了，每天天不亮就起床，绕着中环路跑上十公里。等到人们渐渐起来，开始一天的活动时，张爷爷已经完成了晨练。

“张爷爷，太早晨练对身体没有好处。”兰兰说道。

“怎么可能，锻炼有益身体健康，你看我今年已经63岁了，精神不是很好嘛，这与我坚持晨练有很大的关系。”张爷爷说道。

“是的，您的身体好，与您坚持锻炼有关系。但是爷爷，天还没有亮的时候，由于植物无法在夜间进行光合作用，二氧化碳的浓度会非常高，并且全部都聚集在树木的底部位置。在这种环境下锻炼身体，不仅不能让身体接受新鲜的空气，还会因为过度吸入二氧化碳而导致身体不适。因此，晨练的习惯并不好。”兰兰长期受父亲的熏陶，对保健知识也有一定了解。她接着说道：“而且您总是喜欢在马路上跑步，还会吸收大量的汽车尾气和灰尘，同样也不利于身体健康。”

张爷爷一听，觉得孩子说得很有道理。“兰兰，你说得很好，那爷爷是不是不应该早上锻炼身体了？”张爷爷问道。

“不是的，锻炼身体是件好事。您可以在早上，太阳出来一个小时之后到公园里锻炼。这样二氧化碳已经被吸收得差不多了，氧气含量会非常高，负氧离子的指数也很高，对身体非常好。我就是在这个时间段里锻炼的。”兰兰信心满满地说道。

一旁的兰兰爸爸听着女儿的讲述，面带微笑地点了点头。

由此可见，运动也需要遵守一定的自然规律，盲目地运动不仅起不到锻炼身体的目的，还会适得其反，损害自身的健康。作为家长，从小培养孩子坚持运动的好习惯对孩子的身心健康非常重要。不过，在此之前，家长们需要了解以下知识点：

（1）清晨锻炼，在太阳出来一个小时之后进行。

由于植物的光合作用需要在阳光下进行，在植物进行光合作用时，会吸收空气中的二氧化碳，释放氧气。夜间没有太阳光，植物会释放出大量的二氧化碳，吸收大量的氧气，造成空气中二氧化碳含量超标，不利于运动。太阳出来一个小时之后，植物由于光合作用，会吸收二氧化碳，释放氧气。此时空气质量非常好，适宜锻炼身体。

（2）清晨锻炼，不宜空腹，要喝一杯温水之后再进行。

经过一晚上的睡眠，人们的身体几乎没有任何能力储蓄，应适当进食补充一下能量。如果这时不仅不进食，还做大量的运动，会造成身体

能量的严重透支，不利于身体健康。如果能在运动之前喝上一杯温水，不仅能够补充能量还能加速血液循环、清洗肠胃，有利于身体排毒。因此，喝杯温水再锻炼才是正确的锻炼方法。

（3）黄昏才是锻炼的最佳时间。

人们总是提倡晨练，但是研究表明，晨练有很多弊端，不利于身体健康，黄昏才是人们锻炼的最佳时间段。在这个时间段里，从体力、身体的协调力、血压血脂的稳定性来讲都非常适合锻炼。因此，帮助孩子养成黄婚练的习惯比晨练更科学。

（4）运动需要坚持，不能“三天打鱼两天晒网”。

研究表明，长期的运动有益身体健康，而偶尔的运动不仅起不到锻炼身体的目的，还会加速各个关节的磨损、各个器官的负担，从而对身体造成伤害。这是因为，身体已经适应了不运动的状态，忽然间运动量加大，身体平衡被破坏，超过了平日里已经适应的承受限度。因此，锻炼身体是一个长期的过程，不能“三天打鱼两天晒网”。

总而言之，生命在于运动，从小培养孩子坚持运动的好习惯对孩子的身心健康起着很大作用，但是一定要多了解相关的科学知识，做到科学锻炼，这样才能真正起到锻炼身体的目的。

饮食习惯很重要，膳食均衡疾病少

习惯不是与生俱来的，是后天受家庭和社会环境影响而逐渐养成的，尤其是家庭，对孩子各种习惯的养成影响巨大。饮食习惯更是如此，直接受父母饮食习惯的影响。

乐乐的父母在城市里生活。由于城市的生活节奏非常紧张，乐乐的父母没有时间照顾幼小的乐乐，不得已只能将乐乐送回老家，由乐乐的爷爷奶奶抚养。时间说长也长、说短也短，一晃三年过去了，乐乐三岁了，该上幼儿园了。考虑到孩子的教育问题，乐乐父母决定将孩子接过来。

一个家庭有一个家庭的习惯，这话说得非常正确。习惯了在爷爷奶奶家生活的乐乐，回到父母家里有些不适应。爸爸妈妈的饮食习惯虽更科学一些，但每顿饭菜多肉少，还需要搭配汤。这样的饮食习惯，乐乐非常不适应。原来，在老家，乐乐爷爷奶奶的饮食习惯非常不好，蔬菜的摄取量很少，即使做了一些菜，也不适合幼小的孩子食用。这就养成了乐乐偏食的习惯，蔬菜几乎一口不吃，专门爱吃干巴巴的饼、馒头之类的主食。这个习惯可是愁坏了乐乐妈妈。不吃蔬菜，孩子的抵抗力不好，总是爱生病。为了改正孩子不良的饮食习惯，乐乐妈妈着实下了大力气。

为了能让乐乐吃上一点蔬菜，妈妈尝试着各种菜式，将蔬菜切成各种图案的小丁，少油少盐，做得非常精致可口。看着这些美味可口的饭菜，乐乐爸爸忍不住总想偷吃几口，可是乐乐却不愿意吃，小脑袋摇得像个拨浪鼓。

尽管让乐乐吃蔬菜非常困难，但是乐乐妈妈却从没想过放弃，她耐心地教育孩子、鼓励孩子。渐渐的，乐乐开始习惯食用一些蔬菜了，虽然不多，但是相比于以前，孩子已经有了很大进步。乐乐妈妈越来越有信心，相信再过一段时间，孩子一定会养成良好的饮食习惯。

人们常说：家长是孩子的第一任老师。这话非常有道理，尤其在饮食习惯方面。孩子从接触辅食的第一天起，就开始适应、习惯父母提供的食物味道了。父母的饮食习惯随着时间的推移，被孩子所适应、接受。因此，目下在孩子中间流行的偏食与挑食的不良习惯实际上是父母养成的，其根源在家庭。

家长为孩子提供的食物过于单一。时间久了，孩子便会适应这种单一的食物，拒绝那些从未吃过的或不常吃的食物。当然，也有的家长见孩子喜欢吃某种食物，便任由孩子每次都过量食用，造成孩子过一段时

间后再也不愿意吃这种东西了。总而言之，不良的饮食习惯与家长有着直接关系。为了防止孩子养成不良的饮食习惯，家长在为孩子提供饮食的过程中一定要注意以下几点：

（1）营养搭配最重要，不能孩子喜欢吃什么就做什么。

常听家长说："我家孩子喜欢吃肉，自从有了这个孩子，家里天天吃肉。"看似玩笑的一句话，却反映出了多数家长的观念：做饭时侧重做孩子喜欢吃的食物。这样的做法，容易让孩子养成挑食的不良习惯。正确的做法是，营养均衡，什么东西都要定期摄取，其次才是饮食喜好。

（2）早餐要吃好。

众所周知，早餐非常重要，不吃早餐对身体非常不好。一般建议早餐要吃一些牛奶、鸡蛋之类的食物，获取大量的蛋白质，以供身体所需。同时，还需要搭配一些类似面包、馒头之类的食物，确保身体摄取的蛋白质不被浪费。

（3）不要吃得过饱，七成饱最佳。

根据身体所需的能量，不建议孩子吃得太饱，一般七成饱就足够了。吃得太饱会导致身体中的大部分血液流往消化系统，造成脑部和身体其他部位的缺血、缺氧，表现出来的症状就是疲惫、昏昏欲睡、精神不佳。同时，过多的营养被摄取还容易造成肥胖。七成饱最佳，不仅能够维持身体所需的能量，还能降低身体的负担。

（4）晚饭要少吃或是不吃。

由于晚饭时间距离人们睡觉的时间间隔得非常短，身体没有足够的时间消化大量食物。因此，孩子们的晚餐不宜吃得太多，要少吃或是不吃。这样才能保持身体拥有充足的休息时间。

（5）多喝水，常喝水。

饮水对于身体健康来讲非常重要。因此，孩子们应经常喝水，不要等到感觉渴了再喝，那时候身体已经处于缺水的状态中了。

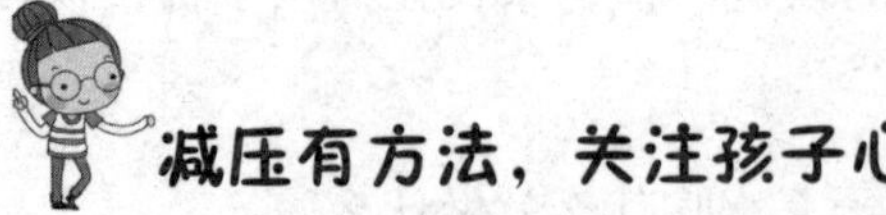

减压有方法，关注孩子心理健康

铁人王进喜曾经说过："井无压力不出油，人无压力轻飘飘。"的确如此，毫无压力的生活会使人们感觉空虚、丧失进取心。适度的压力能促进人们奋发图强，激发内在的潜能，创造出更多的美好事物来。然而，人是有一定承受限度的，压力过大就会超过这个承受限度，身体会吃不消，还会引发各种负面情绪，如紧张、烦躁、惶恐等，甚至可能会导致严重的心理问题……

调查表明，随着生活节奏的加速，现代人需要承受严重的心理压力，这些压力如果没有合适的排解方法就会引发各种病症，例如，心脏病、高血压、肥胖等均与压力有关 。由此可见，帮助孩子学会合理减压、增强孩子的耐压能力，有助于孩子的身心健康。

晴晴的妈妈是个名副其实的自由派，每天都开开心心、无忧无虑的。即使工作再忙，她的生活总能过得很惬意。晴晴似乎是遗传了妈妈良好的基因，一张笑脸面对所有事情，从来都不见她闹情绪，即使是在最紧张的期末冲刺阶段。对此，班主任老师也表示了认可："晴晴这孩子，心理素质很好，耐压能力很强，关键时刻总能超常发挥。"

事实上，与其说晴晴遗传了母亲良好的基因，不如说其从小受母亲的熏陶养成了良好的减压习惯。晴晴也有压力，与其他同学一样的压力。而不同的是，有的孩子不懂得合理减压，导致了不良的后果，而晴晴却非常善于自我减压。她从来不让自己处于疲惫不堪中，更不会胡思乱想。累了就休息，休息好了就继续做事；遇到问题了就果断处理，不会犹犹豫豫、想东想西，这样的性格和做事习惯，让晴晴轻轻松松就摆脱了压力的困扰，保持了良好的心态和精神面貌。

没有人愿意承受压力。每一位父母都希望自己的孩子能过上健康、轻松、惬意的生活，不要承受过大的压力。然而，压力是无法避免的，我们唯一能做的就是学会合理减压，使压力保持在我们能够承受的范围内，不要被压力所压垮。

在这方面，众多成功人士为我们提供了一些有益办法：

（1）感到疲倦，就休息。

无论孩子的学习多么繁忙，都不要搞疲劳战术。告诉孩子，休息是为了更好、更高效地学习。牺牲一点时间来休息，能够让疲劳得到缓解，让身体重新充满能力，能有效地提高做事情的效率。相反，过度疲劳不仅会对身体产生损坏，同时也不能提高做事的效率，还会经常导致很多错误。

爱迪生就曾这样认为，他之所以能够拥有无穷的精力和耐力，都来自于他随时想睡就睡的习惯。由此可见，疲劳战术有百害而无一利。作为家长，应引导孩子合理减压，不要让孩子陷入到无用的疲劳战术中。

（2）再难、再累也要留出放松的时间。

人的精神就如一根皮筋，要松弛有度，不能一直都保持拉紧的状态。孩子养成劳逸结合的好习惯，将会一生受用。家长从自身做起，无论多忙、多紧张也要预留出足够的放松时间来。例如，利用周末安排出游就是一个非常不错的放松心情的方法。

（3）按顺序做事，尽力就好。

生活就是事情叠着事情，永远都做不完，这些没完没了的事情总会让人感觉到压力。正确减压的方法就是将事情按照缓急排列，然后依照顺序按部就班地进行处理就够了。不要心急，想一口气处理完所有的事情只会徒增压力。

简单有简单的好处，心思太过复杂，一副苦大仇深、忧虑满满的样子，不仅不能解决今后的问题，就连眼前的事情也处理不好。

由此可见，压力每个人都会有，应学会合理减压、增强耐压能力。这是现代社会对高端人才的要求之一，也是家长应该引起重视的问题。从小培养孩子合理减压的好习惯，有助于孩子在今后的人生中应对各种问题。身处纷杂的社会中，做到自由自在，活出自我，不被杂事压垮，以健康、快乐的生活为主，才是应对压力、积极生活的最佳方法。

引导孩子选择健康的生活方式

健康是人生的第一财富。对任何人来说，健康永远都是第一位的，没有了健康，就意味着失去了一切。不重视健康的人，就是在与自己的生命开玩笑。

那么，如何才能拥有健康呢?

答案非常简单，就是选择一种健康的生活方式，远离那些有损健康的活动。

洋洋是家里唯一的孩子，深受长辈们的喜爱，过着“衣来伸手，饭来张口”的幸福生活。洋洋妈妈原以为随着孩子年龄的增长，那些不良的生活习惯会逐渐改掉。可没成想，直到洋洋上初中了这些不良的生活习惯依旧如影随形：

挑食、不按时吃饭、喜欢吃肯德基；不爱锻炼身体、吃饱就睡，导致严重肥胖；爱看电视、爱玩手机，因此年纪轻轻就带着一副近五百度的眼镜；喜欢名牌、花钱大手大脚，不懂得爱惜东西等。

对于洋洋的这一系列坏习惯，洋洋妈妈可是愁坏了。

这一天，老师布置了一项作业，要求写一篇关于“低碳生活”的作文。洋洋写得非常好，受到了老师的表扬。当孩子拿着老师表扬自己的批语让妈妈看时，洋洋妈妈意识到机会来了。于是，她说：“作文写得这么好，现实中你做到了么？明显是说得到做不到。”洋洋被妈妈说得哑口无言。俗语说：“不蒸馒头，争口气。”为了给自己争口气，洋洋决定说到做到。孩子的意志力还是很坚定的，自从开始“低碳生活”后，洋洋整个人都变了：不再吃快餐，不再出门就打车，不再看电视和手机，也开始锻炼身体了，学着勤俭……

洋洋的改变很快就得到了回报。孩子的体重逐渐下降，回到了正常体重；人也显得精神了，不再稍微运动一下就满身大汗。看着身轻如燕、活泼开朗的洋洋，妈妈开心地笑了。

在事例中，洋洋妈妈巧妙地说服洋洋选择了健康的生活方式，这种引导孩子的方式值得家长们学习与借鉴。作为家长，没有什么比孩子的健康更重要的事情了。为了能让孩子拥有健康，我们必须要引导孩子选择健康的生活方式。

首先，什么是健康的生活方式呢？

答案是有益身体、心灵健康的生活。例如，不喝酒，不抽烟，不熬夜，不乱发脾气，等等。健康的生活方式不仅对孩子的身体有益，同时还能加速孩子成功、成长的步伐。

那么，怎样引导孩子选择健康的生活方式呢？

（1）健康、良好的家庭环境。

家庭环境能影响孩子的一生。引导孩子选择健康的生活方式，必须要帮助孩子养成良好的性格。研究表明，健康和谐的家庭培养出来的孩子，心理健康、性格良好的几率普遍较高。作为家长，为孩子提供一个健康、温馨的家庭环境是其应尽的义务。

（2）帮助孩子树立正确的价值观。

人生价值观直接影响到孩子的道德操守、行为举止。因此，引导孩子选择健康的生活方式与孩子的价值观密切相关。孩子的价值观取向直接决定了孩子今后的人生走向。价值观正确，孩子必然能走上光明大道；

相反，价值观有误，孩子未来的道路一定会充满坎坷，甚至有可能走上犯罪之路。因此，树立正确的道德观，家长必须要正确监督、引导，丝毫不能马虎。

（3）父母以身作则，选择健康的生活方式。

有的父母一边要求孩子选择健康的生活方式，一边自己过着纸醉金迷的生活，如赌博、酗酒，甚至经常做一些违背道德、法律的事情。这样的父母是不可能培养出有健康生活方式的孩子的。因为耳濡目染，孩子从小就在模仿父母的行为中成长，怎么可能不受父母言行举止的影响呢？

（4）“勿以恶小而为之”，“千里之堤溃于蚁穴”。

不要因为孩子年龄小，做了一些小坏事，影响不是很大，父母就选择宽容与放纵。没有人天生就是罪犯，所有的犯罪分子在第一次做恶事时都会紧张得几天都睡不着觉。但他们从小恶开始逐渐积累，最后越来越麻痹，成了十恶不赦的恶人。因此，发现孩子做了坏事，父母应及时制止，并严厉教育，让孩子彻底远离不健康的生活。

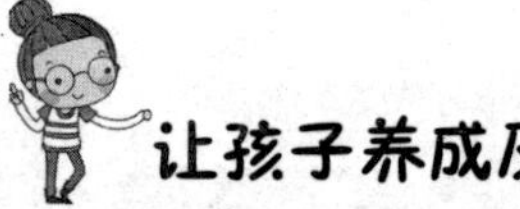

让孩子养成及时就医的习惯

总是听人说：“有病要早早就医，不然等到严重了就不好治了。”这句话说起来容易，做起来却好难。特别是现在中国的国情，提起上医院，大家都觉得很困难——人多不说，排半天的队也未必能看上病，即便看上了不花上个万儿八千的就已经是万幸了。“看病难、看病贵”的状况已经深深地在人们的心里扎下根，成了阻碍人们及时就医的主要因素之一。

现实情况再严峻，病也要及时看，不然耽误来耽误去只能加重治疗的成本。为了能够付出更少的代价并得到及时、彻底的治疗，作为家长，我们应培养孩子及使就医的习惯。

宁宁的家庭不太富裕，父母都是普通的上班族。从小目睹着爸爸妈妈勤俭节约地过日子，自然宁宁也学会了节俭。为了节俭，爸爸妈妈生病了从来不去医院，能忍就忍，实在忍不住了就到附近的药店里随便买点药。宁宁受父母影响，也是几乎从来都不去医院。不清楚是什么原因，宁宁连续几天都牙疼。起初宁宁选择了忍耐，后来疼得有些严重，宁宁来到附近的诊所买了一点药。不幸的是，这些药没能解决宁宁的痛苦。牙痛导致宁宁夜不能眠，整个面部全都肿起来，几乎张不开口了，实在没有办法，宁宁决定去医院就诊。

这种被动就医的习惯，彻底打乱了宁宁的生活秩序。一连好几天，宁宁都无法正常上学，而且由于延误了最佳治疗时间，还需要支付昂贵的治疗费用。

据医生介绍，口腔疾病也是由轻到重发展起来的。如果宁宁在牙疼之初就来医院就诊，只需简单处理一次，治疗费用也就是几十元。可是现在，想要处理宁宁的问题，需要经过多次根管治疗，不仅不能保留牙神经，还会影响到牙齿的正常功能。这个治疗周期长达五周左右，治疗费用高达上千元以上。这样的结果，让宁宁后悔莫及。

随着现在人们生活水平的提高，越来越多的人开始关注及早就医这个问题了。事实上，及早就医这个问题同“磨刀不误砍柴工”的原理是一样的。只有及早做足准备，才能提高效率。只有及早就医，才能在疾病初期及时遏制，不至于引发更严重的后果。家长在教育孩子的时候应该告诉他们，有些事情是必须做的，有些钱是必须要花的，没有了健康的身体，付出再多的代价也无济于事。

对此，我们需要引导孩子做到以下几点：

（1）不舒服时，要及时告知家长。

很多孩子感觉不舒服时，都不愿意和家长说。原因多种多样，有的是因为孩子惧怕打针、吃药；有的是因为不好意思对家长说。不管出于哪种原因，隐瞒病情都是不理智的，也是瞒不住的。为了自己能够早日康复，为了自己少受病痛的折磨，孩子们一定要及时告知父母或老师，以便及时就医。

（2）鼓励孩子勇敢面对打针、吃药。

不仅是孩子，大人也不喜欢打针、吃药。但这不是喜不喜欢的问题，是人们生病了，必须要进行治疗，以保证身体的健康。作为家长，对孩子的恐惧心理首先应予以理解，然后应和孩子讲清道理，鼓励孩子勇敢一些，既然没有办法避免，干脆不如直面。

（3）定期体检。

体检是一种非常好的及早就医的方法。很多人通过体检，能够及时检查出一些问题来，尽管身体还没有出现任何症状。因此，在疾病暴发的初级阶段就得到了很好治疗。这种例子在现实生活中并不少见，很多人都是因为及早就医、将疾病控制在了初级阶段，才有效地阻止了疾病的恶化。

综上所述，为了孩子的健康长寿，过上有质量的生活，家长应从小培养孩子及早就医的好习惯。目光要放远一些，无论是时间还是金钱都没有健康更重要。健康没有了，积攒再多的金钱、拥有再光明的前程都会如海市蜃楼一般，成为虚幻的泡影。

掌握健康常识，孩子才能更健康

生命中什么最重要？

前程、金钱、豪车……都不是，只有健康才是最重要的。一个人如果失去了健康，即使拥有再多的财富、再美满的爱情、再高的权力和地位又有什么意义呢？拿什么去享受这些美丽的事物呢？所以，健康才是

享受生活、享受成功的基础与本钱。

作为家长，我们费尽心机，使出浑身解数希望培养出一个优秀的好孩子来，却独独忽略了孩子的健康，岂不是本末倒置，竹篮打水一场空。

没有任何事情、任何技能，比孩子的健康更重要。因此，健康习惯的培养才是送给孩子最好的人生礼物。让孩子拥有健康，养成健康生活的好习惯，首先需要孩子自己配合，发自内心地配合。这就需要孩子掌握一定的健康常识。

（1）作息方面的健康常识。

21—23点：免疫系统排毒时间，在这个时间段里，不适合做剧烈的运动，静坐、听音乐、安静地躺在床上均可。

23—凌晨1点：胆的排毒时间，人体需要进入睡眠状态。

1—3点：肝脏排毒时间，人体需要进入睡眠状态。

3—5点：肺的排毒时间，人体需要进入睡眠状态。

5—7点：大肠的排毒时间，人们起床、上厕所的时间。

7—9点：小肠吸收营养的时间。这个时间段人们应该吃早点。不吃早点对身体非常不好。

由此可见，正常、科学的作息时间是保证健康的首要条件。也就是说，只有让身体休息好了，才能不出故障。孩子们需要做到不熬夜，保证足够的睡眠时间，同时也不要过度睡眠。每天八个小时的睡眠时间，中午再稍稍休息一下就可以了。

（2）饮食方面的健康常识。

绿色食材——滋补肝脏；

红色食材——滋补心脏；

黄色食材——滋补脾脏；

白色食材——滋补肺脏；

黑色食材——滋补肾脏。

各种食材之间尽量与相邻颜色的食材搭配，不要交叉起来搭配，这样更有利于身体健康。孩子们在进食之前，应先了解一下各种食材的搭配是否合理，不要乱吃。要知道，吃也是有讲究的，是一门大学问。例如，黄瓜和花生最好别搭配着吃，可是在生活中，这道凉菜似乎是道家常菜；还有小葱拌豆腐、土豆烧牛肉，等等。以上这些食材的搭配方式都很不科学。

（3）运动方面的健康常识。

大量运动之后，不能大量饮水；

进食后，不宜剧烈运动；

情绪不好时，不要剧烈运动。

以上三点健康常识，很多人都没有意识到。无论是在体育场上还是在电视上，我们总能看到这样的场景：几个人剧烈运动之后，全身大汗淋漓，随手拿起一瓶矿泉水，一饮而尽；晚饭过后，几个朋友相约一起出去走路、锻炼；心情糟糕透了，通过剧烈运动发泄一下，等等。这些行为都是错的，对身体的伤害非常大。孩子们不应模仿，不要在不知不觉中损害健康。

（4）心理方面的健康常识。

了解自己，最大限度地接纳自己，别自己为难自己；

设立明确的目标，积极进取；

学会自我控制，拒绝不良诱惑；

学会调节忧虑、愤怒、郁闷等不良情绪；

净化自己的心理，保持平和，不大喜大悲；

广交朋友，与人为善；

胸襟宽广，不斤斤计较。

多了解一些健康常识，健康生活从点滴做起。事实上，想要拥有

健康绝非一朝一夕的事，需要在这一段时间养成良好的健康习惯。习惯成为自然，只要孩子们拥有了良好的习惯，健康则是水到渠成的事。正如拿破仑·希尔所说："习惯能够成就一个人，也能够摧毁一个人。"养成良好的习惯，就会拥有健康的一生，就会更容易获得成功，享受收获的果实和幸福的生活。身体是革命的本钱，健康是所有成就的前提，身为父母，我们一定不要光顾着督促孩子进步而忽视了他们健康习惯的培养。帮助孩子养成注重健康的好习惯，才是我们送给孩子的最好人生礼物。

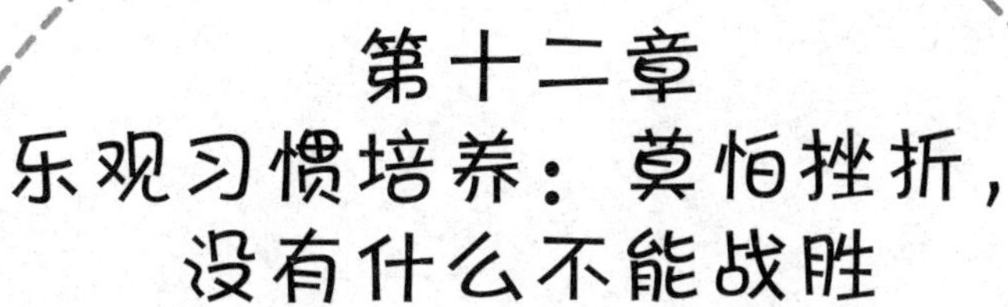

第十二章 乐观习惯培养：莫怕挫折，没有什么不能战胜

人生就犹如河流，不可能一帆风顺，总是会遇到岛屿和暗礁，只有教会孩子乐观，他们才不会被挫折及困难轻易打倒，才能屡败屡胜，成功迎接雨后的彩虹。

不抱怨的孩子会更快乐

罗丹曾说过：“生活中不是缺少美，而是缺少发现美的眼睛。”不懂得欣赏生活中的美丽，是人们最大的悲哀。这种人在我们身边随处可见。

早上还没有起床，乐乐就开始抱怨道：“真不想离开温暖的被窝呀，想到自己马上就要开始一天忙忙碌碌的学习了，简直有种不想醒来的想法。”没有办法，上学时间马上就要到了，被迫无奈，只好起床了，一边穿衣服，一边接着抱怨：“这种日子什么时候才是个头儿呀。”

“这种日子怎么了，你小小年纪怎么这么多抱怨呀？和你说实话吧，相比于我小时候的生活，你现在的日子简直是在天上了。”老妈听到乐乐的抱怨后有些不高兴了。

“接下来，是老妈抱怨的时间了。”乐乐小声地嘀咕道。

果不其然，乐乐妈妈的话匣子打开了。

“我们小的时候，那才叫苦呢。家里孩子又多，收入又少，根本没有钱买新衣服，一件衣服从来都是老大穿完老二穿，老二穿完老三穿……偏巧，我是最小的，只能捡剩的。衣服传递到我这儿时，已经是破烂不堪了。你姥姥左一个补丁、右一个补丁，搞得我像个叫花子。”乐乐妈妈一边收拾家务一边说着，“再说那时候吃什么吧，一年能吃上一顿白面就算好的了，顿顿窝头，吃得我眼睛都是绿的……”

听着老妈每天必说的一通抱怨词，乐乐从最初替老妈鸣不平到现在已经麻木不仁了，权当是闹表的铃声吧。

老妈每天的一通抱怨，开启了乐乐凡事都爱抱怨的习惯。在乐乐眼里，似乎没有什么事情是一帆风顺的，总是会有这样那样的困难出现，搞得他心情一团乱麻，烦透了。

这样一个爱抱怨的孩子，每天能够快乐么？

答案是否定的。从事例中不难看出，乐乐爱抱怨的习惯来自于其妈妈的影响。乐乐妈妈对她小时候的苦日子耿耿于怀，充满了抱怨，进而影响到乐乐，导致乐乐也养成了爱抱怨的习惯。这样的习惯会破坏孩子对生活的热情，使孩子缺乏发现美好的眼睛。事实上，生活中处处有美，根本不必费心四处寻找。可惜的是，人们总是容易忽略美好的事物。

（1）享受此时此刻的美好。

正如事例中的乐乐，早上还没起床时，就因为即将开始的学习而苦闷，错失了被子里最后几分钟的温暖。这样一来，忙碌的学习依然照旧开始，被窝里的温暖却缩短了一段时间。想想是不是有些得不偿失呀。

作为家长，想要培养出一个乐天派，那么就要教育我们的孩子学会享受当下的美好，不要为没有到来的忧愁而错失现在。

（2）摆脱不切实际的幻想。

爱抱怨的人都有一个习惯，总是期望得不到的东西。如事例中的乐乐期望永远都赖在被窝里，但这是不可能的事情。世界上没有任何一个人可以永远待在被窝里。不切实际的幻想除了徒增烦恼外，对孩子的人生没有任何指导意义。作为家长，我们应该教育孩子贴近生活，树立切合实际的目标。

（3）培养孩子宽广的胸襟。

心胸狭窄的孩子一定是爱抱怨的孩子。这样的孩子处处与自己作对，整日里庸人自扰、喜欢较真。这样的孩子，如果不能放开心胸，永远也不会过上潇洒的生活。生活对他们而言没有太多的快乐，反而如牛负重。作为家长，应从小培养孩子宽广的胸襟，让孩子超然于俗世，拥有洒脱的性格。

（4）让孩子明白抱怨是在浪费时间。

遇到问题，唯有积极解决才是前进，而抱怨对于解决问题没有一点帮助，纯属浪费时间。与其花时间去抱怨，不如花时间去解决问题。

在没有抱怨的世界，孩子们才会发现，交朋友原来很简单；在没有抱怨的世界，孩子们才会发现，做事情原来可以这样主动；在没有抱怨的世界，孩子们才会发现，生活可以这样美好；在没有抱怨的世界，孩子们才会发现，世界原来很美丽；在没有抱怨的世界，孩子们才会发现，成功其实离他们很近！

挫折不可怕，鼓励孩子战胜它

当人们向成功者投去崇拜的眼神时，同样哀叹自己为什么不能取得成功。这些人在羡慕和无奈中错过了一次又一次改变自己的机会。殊不知，成功总是属于那些无畏挫折、勇于战胜挫折的人们。

“困难像弹簧，看你强不强，你强它就弱，你弱它就强。”儿时时常吟唱的儿歌，昨天听到儿子也在吟唱，忽然间感觉作为母亲已经经历了很多事情。

作为一个母亲，我自认为自己还算合格。在教育孩子的时候，还保有应有的理智。当孩子不小心摔到地上时，我从来没有像其他家长那样立即奔跑过去扶起孩子，而是平静地看着孩子，等待他自己爬起来。每当看到孩子委屈地哭泣时，我都会对他说：“是不是自己不小心摔倒的？既然是你自己摔倒的，那么你就没有理由哭泣。”儿子非常听我的话，见我这样说，便学着坚强起来。久而久之，当他摔倒时，他总会自己爬起来，跑到我的身边，对我说：“妈妈，我没有哭。”

我从来都不会惯着孩子，因为那样是害了他，也不允许别人惯着他。早上，姥姥又忍不住喂孩子吃饭。“妈，不要喂他了，那是在害他。”

听见我这么说，母亲终于把勺子交给了孩子，让他自己吃饭。可是，不放心的母亲，又在孩子身边不停地指挥着，“快吃，吃鸡蛋……喝点汤……”没有办法，我只好将母亲请离餐厅。看了看儿子，又看了看手表。十五分钟之后，儿子的饭还没有吃下去一半。我问道：“回答我，为什么一碗饭吃了这么久？”孩子见状有些紧张了。我接着说：“如果你不喜欢吃，那么在姥姥做早餐之前，你应该提出你想要吃的食物；如果你不说，那么只能是姥姥做什么你就吃什么了，而不应该是守着这碗饭磨磨唧唧吃上好久。”儿子小声地说道：“妈妈，我下次注意。”我知道孩子下一次还会犯同样的错误，我也做好了说一次不会立即见效的准备。因为很多事情都是在我说上两三次之后孩子才会记住，才会有意识地约束自己的行为。这样的结果，我已经满意了，终究我的孩子年纪还小。

这一天，儿子见送水工人送来了一桶水，便提出帮我“运”到厨房里去。明知孩子根本不可能搬动这桶水，但为了考验一下孩子，我还是同意了其请求。只见儿子用尽全身的力气，却仍然没有挪动水桶半分，我开始引导孩子：“这桶水太沉了，连妈妈都移动不了，更别说是你了。但你是不是可以尝试一下把水桶放倒，推着它滚动到厨房里去呢？”儿子点了点头，立即将水桶放倒，稳稳地推动着水桶，将它滚动到了厨房。孩子远比我想象中做得更好。

正如事例中的妈妈让孩子搬一桶有二三十斤重的水一样，人生也总会遇到各种各样看似困难的挫折。挫折看起来似乎总是非人力所及，其实不然，它远没有我们想象中那么强大。只要我们肯动脑筋，愿意尝试着挑战它，那么战胜它的机会就会非常大。作为父母，我们更应教会孩子勇于战胜挫折。

首先，相信自己的孩子。

孩子是我们生命的延续，我们不仅要爱他们，还要崇拜他们。任何时候都要相信自己的孩子，只要孩子愿意尝试，我们就永远是他们背后

的支持者。只有家长相信孩子，孩子才会更加相信自己，才会更有勇气战胜挫折。

其次，为孩子创造尝试的机会。

生活中的很多事情都可以交给孩子去做,让孩子在实践中增强信心。当然，不要把一些自己都没有办法的事情交给孩子，而要让孩子做一些力所能及但又具有一定挑战性的事情，这样才能激发孩子的斗志。

最后，当孩子遇到困难时，帮助孩子解决问题的方式，家长要深思熟虑。最好采用与孩子协商的语气，让孩子参与到思考解决方案的过程中，这样才能激发孩子的积极性，培养孩子善于运用智慧解决问题的习惯。

人生不可能永远一帆风顺，所谓的机会则蕴藏在挫折之中。想要成功，想要获得幸福的生活，就要勇敢直面挫折、战胜挫折，把握住成功的机会。

引导孩子找到生活的乐趣

一个缺乏安全感的妈妈，必然会培养出一个焦虑的孩子；一个不自信的妈妈必然会培养出一个自卑的孩子；而只有平和温馨的家庭，才能培养出一个心态乐观、积极向上、对生活充满热情的孩子，这是永远不变的规律。

生活中处处充满乐趣，只要人们有心去找，愿意去发现；生活中又处处都显得枯燥，那是因为你的心“枯萎”了。一个孩子能不能发现生活中的乐趣，不在于父母为他们提供多少物质，而在于孩子拥有怎样的心态。

娇娇妈妈是个乐天派，家庭条件不怎么好，还生了二胎，这下可好，原本困难的家庭更加困难了。为了生活，娇娇妈妈每天都会利用工作之余的时间和邻居一起出去摆地摊，有时卖点童装，有时卖点早点。可是，无论多困难，娇娇妈妈总是一副充满了幸福的样子。自然，妈妈乐观，孩子也就跟着乐观。小娇娇觉得自己很幸福，妈妈出去卖童装，她就给妈妈做小模特。一件件童装穿在娇娇的身上，简直美极了。娇娇愿意和妈妈一起出去摆摊，他并不觉得丢人，反而觉得很有意思。

“五一”假期，别的小朋友都出去度假了。娇娇家没有多余的钱出去旅游，一家人商量一下决定穷游，沿着周边的农村、山坡、河流，走到哪里就在哪里玩耍。他们一会儿去山上摘野果，一会儿又挽起裤腿下河摸鱼；一天下来，玩得非常尽兴，还收获了一袋子海螺——纯野生的，个头还不小。回到家里，娇娇妈妈发挥了高超的厨艺，一家人围坐在一起，享用着香喷喷的酱爆海螺。

这就是娇娇的家庭，尽管没有过多的金钱、没有豪车，也穿不起商场里的品牌服装，可是她依然觉得很幸福，每天都过得很开心。这样的家庭，娇娇喜欢；这样的生活，娇娇也喜欢。用娇娇的话说：“我拥有全天下最好的父母和最幸福的家庭。”

事例中娇娇的家庭生活着实令人羡慕不已。的确如此，生活得幸不幸福、快不快乐，关键在于人的心态，与金钱、地位、权力没有任何关系。生活很公平，你认真对待它，它也会认真对待你，带给你很多快乐和幸福；当然，若你敷衍生活，生活也会敷衍你，让你备感生活的枯燥与乏味。作为家长，引导孩子寻找生活中的乐趣关系到孩子一生的幸福，不容小觑。

（1）平凡的生活也有乐趣。

世界上有几个孩子是富二代，衔着金汤勺出生的？没有几个，大多数孩子都是平凡家庭的孩子，出生之后注定过着平凡的生活。然而，平凡的生活同样精彩，同样充满着浪漫与乐趣。

穷人家的孩子没有巧克力，没有奶油蛋糕，更不会有豪车接送，但

是他们有妈妈做的蚕豆粒、炉灶里的烤土豆，他们还会约上几个泥娃去地里捕家雀。这样的童年，尽管手上、脚上沾满了泥巴，但却依然乐趣无限，欢乐无限。

（2）用心生活，就会找到乐趣。

生活处处有乐趣，只要孩子们用心去发现，例如，事例中的娇娇家没有钱出去旅游，可以穷游，一样充满着乐趣；刚毕业的大学生没有钱买床，可以先买个床垫子，“天然版的榻榻米”；想吃绿色蔬菜，没有菜园子，买上几个大花盆，一盆种葱，一盆种黄瓜，再来一盆西红柿，既美化了房间，还享受了美食，何乐而不为？

（3）学会感恩，让生活充满乐趣。

带着一颗感恩的心生活，就会发现生活中处处充满着乐趣。因为感恩，孩子们看到了父母对自己的爱；因为感恩，孩子们看到了师长对自己的关怀；因为感恩，孩子们感受到了友谊；因为感恩，孩子们感受到了人与人之间的真情。装着一颗感恩的心生活，即使是阴雨天，心也是暖的，天空也是晴朗的。

生活从来不缺乏乐趣，只是缺乏发现乐趣的心。让我们的孩子拥有一颗发现乐趣的心吧，从点滴开始培养与引导。孩子是上帝送给我们的种子。所谓“种瓜得瓜，种豆得豆”，我们给孩子一片乐土，他们自然能够快乐地迎来丰收。

培养孩子自信、坚毅的好品格

自信、坚毅的性格对孩子的一生都会影响巨大。培养孩子自信、坚毅的好品格，比给孩子留下很多财富更重要。它是孩子一生都可以依靠的资本，它能帮助孩子克服困难、排除障碍、争取成功。在争取成功的路上，自信、坚毅比任何东西都更有用。如果孩子能够相信自己，就一定能够表现出最好的一面来。表现好的一面与自信心成互补关系，当孩子们表现出好的一面时，他们的自信心会得到提高，而自信得到提高之后，孩子们的表现则会更好。因此，作为家长，我们应从小培养孩子自信、坚毅的好品格。

毛毛的自信心不够强，和小朋友一起玩耍时，总是一副怯弱的样子。别的小朋友说话声音稍高一点，毛毛便立即放弃了自己秉承的原则和内心的想法。看到这样的孩子，家长心里有些不舒服。为什么自己的孩子如此缺乏自信心，连和别人争论、坚持立场的勇气都没有?

回顾毛毛的成长环境，毛毛的爸爸妈妈太过强势，尤其是毛毛的妈妈，简直是一个“炮筒子”。每天不停地唠叨，指挥着孩子做这做那，稍稍不合自己的要求就对孩子大喊大叫，搞得孩子一见母亲生气就一副怯弱的样子，说话声音小得不能再小，眼睛里总是含着眼泪，又不敢放声大哭。时间久了，毛毛就形成了这种懦弱、胆小的性格。

所谓“亡羊补牢为时不晚”，毛毛妈妈发现苗头不对，便及时调整了态度，尤其是在家里时对待家人的态度。她立志要变成一个贤妻良母，绝不再乱发脾气了。

事实上，毛毛妈妈的暴脾气是可以理解的。生活中乱七八糟的事情太多，难免会有些烦躁。但是，这不能成为她四处乱发脾气的理由，尤其是她还是一位母亲，肩负着教育下一代的重任，没有任何理由和借口能够允许她做一名失败的母亲。作为母亲，她太过强势，一味地干涉孩子的行为，培养出来的孩子自然会缺乏自主性、自信心、勇气，没有任何担当。这样的孩子，在今后的人生道路上只能做一只低眉顺眼的羔羊，无论遭遇何种不平等的待遇都不会有勇气去反抗。当然，也别指望这样的孩子取得多大成就，更重要的是孩子自身，面对仅有一次的生命，孩子不能欢畅淋漓地活出真实、精彩的自我来。待到孩子老去的那一天，回顾自己的人生时，则会充满了无限的悔恨与遗憾。

这是任何父母都不想看到的。

培养孩子自信、坚毅的好品格有很多种方法，下面介绍几个：

（1）父母在孩子面前矮一头。

对于这个方法很多家长都表示反对。“怎么能够在孩子面前矮一头呢，那不是由着孩子胡闹了么？”持有这种思想的家长们，你们怎么知道孩子一定会胡闹呢？况且，孩子真的胡闹时，家长们棍棒加身就能很好地阻止孩子胡闹了吗？

研究表明，棍棒之下，只能暂时性地压制孩子，而并不能解决什么问题。在孩子的内心深处，其实是不认可父母所说的话的，只是畏惧棍棒而已，“一旦”他们脱离了父母的视线，便一定会恢复真实的自己。而相反，那些懂得示弱的家长，反而能从孩子心底深处触动孩子，让孩子真真切切感受到父母的不容易，认识到自己的胡闹带给了父母伤害。让孩子发自内心地约束自己才是家庭教育的目的。关键是，父母适当地“示弱”有助于培养孩子自信、坚毅的性格。

（2）多鼓励、少批评。

孩子的行为举止很难完美，这是必然的。作为家长，无论出于何种目的，让孩子进步的终极目标是一定的。为了能够让孩子进步，还不伤害孩子的自信心，鼓励不失为一种好方法。鼓励是一种力量，能够推动孩子向前发展，增强孩子的自信心。

（3）讲究批评的方式，以退为进的批评方式效果更好。

有一种批评的方式叫作以退为进，就是说在指出缺点之前，先表扬孩子的优点。这种方式既不伤害孩子的自信心，还能让孩子及时认清自己的缺点，积极做出改变。

作为孩子的父母，我们面对自己生命的延续，要注重培养孩子自信、坚毅的好品格，帮助孩子将生命上升到一个至善的境地、至高的程度。

降低期望让孩子成为乐天派

“你为什么总是不能把自己的玩具收拾好呢？我已经和你说过了很多遍了，为什么总是记不住呢？”

“早上起床之后，先刷牙、洗脸，为什么总是要别人提醒你呢？自己的事情自己做好不好？”

“写了半天、教了半天，怎么就是不会写呢？连基本的1、2、3、4都不会写，你还能做点什么？笨死了！”

“为什么挑食？蔬菜怎么难吃了？你的毛病也太多了吧？”

“你想做什么呀？还让不让人活了？一个月病两次，这样下去，我什么也不做了，天天围着你转吧。”

听着父母们的抱怨和指责，看着父母们一张张阴沉的脸，同样作为家长，我能够理解他们的心情。为了孩子，他们已经牺牲了很多很多，特别是面对那些让人不省心的孩子，父母们付出的会更多。很长一段时间，父母们既要照顾好孩子，又要教育好孩子，还要兼顾家庭与工作。这样的压力和重任，即使是圣人恐怕也有些应付不了。一些忍耐力差的父母，面对着这样繁重的生活压力难免会脾气暴躁，甚至产生后悔要孩子的极端心理。但是，无论如何，孩子既然已经来到我们身边了，作为家长，我们不能把自己的压力发泄到孩子身上。孩子是无辜的，他们的到来的确打乱了家长们的生活，增添了很多麻烦，但是同样也带给了家长们很多很多快乐。人无完人，很多时候，作为家长，对自己降低点要求，可能会过得更好一些；对孩子降低点期待，可能会让孩子过得更好一些，成为乐天派。

所谓“没有期待就没有失望”嘛，家长对孩子降低点期待，家长快乐，孩子也会快乐。

“我不期待我的孩子将来能够考上重点大学，学习的事情顺其自然就好。”这是燕子妈妈的真心话。燕子妈妈和爸爸从来都不对燕子抱有过高的期待。所以，燕子几乎没有来自父母方面的压力，是一个天生的乐天派。这一天，燕子假装睡着了，爸爸妈妈又悄悄来到她床边，静静地看着自己的孩子。爸爸对妈妈说道：“咱们的孩子多好呀。去哪儿找这么好的孩子呀。”燕子听完，心里美极了。

也不知道是燕子真的很优秀，还是爸爸的话具有一定的魔法力，燕子在各个方面都表现得很优秀。燕子曾代表区里参加全国的少儿英语口语比赛并获得一等奖，燕子的象棋也下得非常好。很多家长都羡慕燕子的爸妈，教育出了这样出色的孩子。

其实，燕子爸妈还真的没有对孩子提过任何要求，他们在燕子刚刚出生时就商量好了，不给孩子任何压力，顺其自然就可以。因此，在别的家长焦头烂额地为了提高孩子的学习成绩而四处求助时，他们一家人开开心心地在公园锻炼身体；在别的孩子因为一点小事就遭受父母的严厉指责时，燕子正和自己的父母滚在一处，不分老少，没有尊卑；当别的小朋友忙着上各种课外辅导时，燕子却轻轻松松地看着动画片……她从来不担心别的小朋友超过自己，她只想做好自己。

没有任何人是完美的，这句话众所周知。可是，我们的家长们却一味要求自己的孩子再完美一点。那么，究竟孩子做到哪种程度才能符合你们的期待呢？将这些期待强加到孩子的身上，对孩子的成长真的有好处么？究竟是为了让孩子健康快乐地生活，还是让孩子为了父母的期待而活着？

不要给孩子太多的期待，这样不仅不能促进孩子的成长，反而会给孩子带来很多忧愁。相信自己的孩子已经做得很好了，他们永远都是最棒的。只要我们的孩子今天能够比昨天进步一点，那么就已经足够了。孩子的成长需要一个过程，这个过程可能是十几年，也可能是二十几年甚至更久。无论多久，父母都要在孩子身边一直支持他、相信他、迷恋他。

引导孩子拥有感知幸福的能力

“我很幸福……”当孩子发自内心地喊出这句话时，相信父母会觉得十分安慰。只要孩子幸福，一切就够了。

为了能够更好地照顾亮亮，亮亮妈妈辞去原来的工作，找了一份前程并不很好的临时工作。这样一来，她就有时间照顾亮亮、陪伴亮亮了。

在亮亮妈妈的心里，亮亮是她的一切。生完亮亮之后，由于没有得到很好的休养，亮亮妈妈的记忆力大幅减退，总是拿东忘西的。可是只要是亮亮喜欢的东西，她总能记在心里，多么忙碌也不会忘记。亮亮爸爸也是如此。尽管亮亮的父母用尽全部力量去抚养他，为他提供最好的生活，可是亮亮还是不开心，每天都哭哭啼啼的。

亮亮妈妈和亮亮做游戏，亮亮输了，原本开开心心的亮亮就开始放声大哭。孩子的反应，让亮亮妈妈大吃一惊：“难道只是因为你输了，就要哭么？”亮亮妈妈情绪有些低落……

亮亮爸爸正在忙着修改一篇论文。亮亮跑了过来，小手一顿乱敲，爸爸还没有来得及保存的文件丢失了。爸爸气急败坏地瞪了亮亮一眼，亮亮哭了。爸爸心想：“怎么了，我还没怎么着呢，你哭什么？”

“为什么别的小朋友的妈妈给他们买了漂亮的转笔刀，你们为什么不给我买？”亮亮对着父母大声喊叫。

“你的转笔刀不少呀，不能出现一个新图案的就换一个呀，多浪费呀。”亮亮妈妈耐心地解释着。

“我不管，我不管，我就要那样的。”亮亮坐在地上哭闹着……

“亮亮，你觉得自己幸福么？”亮亮妈妈问道。

“不幸福。”亮亮斩钉截铁地回答道。

“为什么？”妈妈立即问道。

“因为你们没有能力让我春节期间去三亚旅游。”亮亮漫不经心地回答着，丝毫没有注意到妈妈的脸色已经变得异常难看了……

“这个孩子有问题了，我们这么费心地抚养他，为了他我们都快放弃自己了。可是你看这孩子丝毫不懂得回报我们，反倒是对我们非常不满意。”亮亮妈妈第一次很严肃地和亮亮爸爸讨论起了亮亮。

“是的，我也发现了。”亮亮爸爸说道，“那你想怎么办？”

“我觉得孩子缺乏感知幸福的能力，才使他感觉不到自己生活在幸福中，对我们丝毫没有感恩之心。我想从明天起收回对他的种种好，不再以他为中心了。”亮亮妈妈是一个非常果断的人，从来都是说得出做得到。

果然，第二天，亮亮睁开眼睛一看已经九点了。“妈，怎么没有叫我，我迟到了。”亮亮急着责备母亲。可是这一次他没有见到母亲急急忙忙地跑过来，给自己拿衣服、整理床铺。他有些奇怪：“难道妈妈没在家么？”亮亮嘀咕着走出卧室，只见爸爸妈妈正在津津有味地看着电视剧。

亮亮愤怒了：“为什么不叫我？”听着亮亮理直气壮的质问，妈妈笑了，说：“我为什么要叫你呀，上学不是你自己的事情吗？你不会上闹表呀？凭什么你的事情要我费心呀？再说了，我又不是你的奴隶，你吃的、用的、玩的、穿的全都在花我的钱，你又凭什么在这儿质问我们？”妈妈的问话，让亮亮目瞪口呆、哑口无言。

接着，亮亮明显感觉到了爸妈的冷漠。妈妈再也不像以前那样追着自己换衣服、洗衣服了；爸爸下班回家也不再给自己捎好吃的了；周末他们两个忙着自己的事情，也不再陪自己去动物园了……亮亮觉得非常不舒服，特别不适应现在的生活。他非常怀念以前自己的幸福生活，也很后悔自己身在福中不知福，总是指责父母。

很多人常说，儿女是父母前世的债，这句话包含着两层含义：其一，父母为孩子付出很多很多；其二，面对父母的付出，孩子不懂珍惜，不知感恩。事实上，孩子没有感知幸福的能力，与父母的教育直接相关，始作俑者还是家长们。作为家长，我们为孩子付出，不求回报。可是，这不能作为孩子不懂感恩的理由呀。如果一个孩子没有感知幸福的能力，总是不知足，那会怎样呢？孩子会变成一个充满怨恨，看不到眼前的幸福，感受不到别人对自己的好的人。这样的人无法在社会上立足，也永远不会得到幸福。引导孩子学会感知幸福，需要从生活的点滴开始。